◎蒲建宏 著

行政法学

湘潭大学出版社
XIANGTAN UNIVERSITY PRESS

图书在版编目（CIP）数据

行政法学 / 蒲建宏著 . -- 湘潭 : 湘潭大学出版社，2024. 10. -- ISBN 978-7-5687-1691-8
Ⅰ . D922.101
中国国家版本馆 CIP 数据核字第 2025L95M76 号

行政法学

XINGZHENGFAXUE

蒲建宏 著

策划编辑：刘文情
责任编辑：刘文情
封面设计：张　波
出版发行：湘潭大学出版社
社　　址：湖南省湘潭大学工程训练大楼
电　　话：0731-58298960 0731-58298966（传真）
邮　　编：411105
网　　址：http://press.xtu.edu.cn/
印　　刷：长沙印通印刷有限公司
经　　销：湖南省新华书店
开　　本：710 mm×1000 mm 1/16
印　　张：12
字　　数：210 千字
版　　次：2024 年 10 月第 1 版
印　　次：2024 年 10 月第 1 次印刷
书　　号：ISBN 978-7-5687-1691-8
定　　价：68.00 元

前言

在法治建设不断推进的今天，行政法作为法律体系中的重要组成部分，正日益发挥着举足轻重的作用。行政法不仅仅是调节行政机关与公民、法人之间法律关系的规范工具，更深刻地影响着国家的政治生态、社会的治理方式以及公众的法治意识。行政法通过规范行政行为、界定行政机关的权力与责任，确保行政机关依法行使职权，从而防止权力的滥用与腐败，推动行政权力的透明化与民主化。在这一过程中，行政法的实施对于构建公平、公正的社会秩序，推动社会资源合理配置，保障公民的基本权利与自由，具有不可替代的基础性作用。如今，行政法的作用远超于日常行政管理的范畴，不仅是国家法治建设的重要支撑，更是社会公平与正义的重要保障。在我国全面推进法治社会的过程中，行政法的深入研究与应用，不仅为构建完善的法治政府提供理论支持和实践依据，也为促进全社会法治素养的提升和公民权利的切实保障奠定了坚实的法律基础。

本书深入探讨行政法的核心理论与实际应用，从基础到实践全面展开。第一章概述行政法的内涵、分类、特点、作用及基本原则，为后续章节奠定理论基础。第二章详细解析行政法律关系的特征、种类及内容，展现其多元性和动态性。第三章着重讨论行政机关、公务员及行政相对人的法律地位与责任，明确行政主体在行政法体系中的核心作用。第四章至第八章，不仅区分了具体行政行为和抽象行政行为，还详细探讨各类行政行为的特征、成立与生效、变更等。第九章至第十一章，分别阐述行政合同的种类、权利义务、基本原则及订立过程，行政指导的种类、方式、原则与作用、救济，以及行政程序的基本原理、行政程序法的基本制度和完善方向。第十二章分析行政复议的原则、范围、管辖与参加人及主要程序。第十三章详细解析行政赔偿的含义、归责原则、范围、程序、方式与标准。第十四章探讨行政补偿的内涵、特征、责任构成要件、范围与方式。第十五章分析行政纠纷的特点、分类及解决方式，并探讨预防机制的实现路径。通过本书，读者可以全面掌握行政法的法律框架与实际操作，理解其在完善法治政府建设中的重要作用。

本书的目的在于为广大学者、法律从业人员以及相关领域的研究者提供一份理论指导和实践参考。行政法作为法治建设的基石，既关乎法律的公平正义，又直接影响社会的稳定与发展。通过对行政法的系统研究，希望能够为学术界提供新视角，为法律实践提供有力支持，推动我国法治建设的进一步发展。

目 录

第一章 行政法概论

行政法作为现代国家治理的重要法律基石,不仅规范着行政权力的运行,还深刻影响着公民权利的保护与社会秩序的维护。本章阐述行政法的内涵与分类、行政法的特点与作用,以及行政法的基本原则,为读者提供一个全面而基础的理解框架,为后续深入研究奠定坚实基础。

第一节 行政法的内涵与分类

一、行政法的概念表述

由于行政法是关于行政的法,而人们对行政的含义有多种多样的理解,对行政法的理解也就多种多样,因此,关于行政法概念的表述众说纷纭。

在对行政法概念的众多表述中,比较有代表性的主要有:①行政法是规定主权行使限度与行使方式的法。行政法的根本作用在于规范国家主权的使用,设定行使权力的范围和方式,防止滥用权力,使权力行使符合法律的基本精神。②行政法是调整行政机关特定行政内容的法。行政法主要是用来规范政府及其所属行政机关在特定职能上的运作和决策的。行政法的任务是明确并界定行政机关所从事的具体行政活动的内容。③行政法是控制政府权力的法。行政法的核心是对行政权力的限制与约束,避免其越权或滥权,从而保护公民和社会的利益,它强调政府权力的边界,以防止权力的膨胀对社会产生负面影响。④行政法是调整社会关系的法。行政法的作用是调整政府与公民之间的关系,尤其是涉及公共利益和公民权利的关系。行政法不仅仅限于政府内部的管理职能,更广泛地与整个社会的关系息息相关。⑤行政法是行政机关制定的法。此观点认为行政法由政府及其职能部门制定,具有直接的行政管理意图,这些法条主要由行政机关根据其治理需求进行编制,适用于行政执行中的各类事务。⑥行政法是执行机关适用的法。这一观点则侧重于行政法的适用主体,认为行政法是政府执行机关在行使职权时所必须遵循的法律规范,用以确保行政行为符合法律规定。

上述关于行政法的概念从不同程度上反映了行政法的特点和内涵，从不同侧面和角度对什么是行政法进行了阐述，为全面认识行政法提供了条件，也充分反映了行政法调整内容的错综复杂和瞬息万变，反映了不同国家、不同时期行政法的发展状况。正是由于行政法所调整的社会关系复杂多变，人们才会对行政法的概念作出种种不同的解释。

我国行政法是在我国特定的国情下孕育和发展起来的，虽然与其他国家的行政法有共同特性，但又有其自身的特点。因此，在确定我国行政法概念的时候，应当既合理吸收别国的理论，又从我国的实际出发，突出中国特色，使对行政法概念的表述能尽可能全面、准确，符合我国行政法发展的特点和规律。

根据行政法的实践状况和发展前景，可以认为：行政法是法的一个独立部门，是调整因行政主体行使行政职权而产生的特定社会关系的法律规范的总称，这一表述包括以下两层含义：

第一，行政法是调整特定社会关系的一类法律规范的总称。任何法律规范都有自己的调整对象，即某种特定的社会关系。行政法律规范就是调整因行政主体行使行政职权而产生的特定社会关系的法律规范。因行政主体行使行政职权而产生的社会关系包括行政主体为了行使行政职权而进行自身建设时发生的组织行政关系、对向对方进行管理时发生的管理行政关系（含决策、调控等）、对违法或不当行政行为进行补救时发生的救济行政关系，也包括为了保障职权的有效行使而由特定的国家机关对行政主体进行监督时产生的监督行政关系。总之，这些社会关系都与行政职权的行使有直接或间接的联系，与行政职权的行使无关的社会关系，即使由具有行政主体身份的行政机关或社会组织为一方当事人，也不是行政法的调整对象。

第二，行政法是法的一个独立部门。行政法调整对象的特定性，决定了它在国家法律体系中的独立地位。行政法不同于宪法，虽然它与宪法有密切联系，但宪法与行政法是两种不同的法，宪法是根本法，行政法是普通部门法。行政法也不同于其他普通部门法，它有自己独立的、为其他普通部门法所不能取代的调整对象，它不依附于任何普通部门法，也不能代替其他普通部门法。

二、行政法的一般分类

（一）实体行政法与程序行政法

根据行政法规范性质的不同，可以将行政法划分为实体行政法和程序行政法。

实体行政法是规范行政法律关系主体(行政主体与行政相对人)的实体性权利义务的行政法规范的总称。其中的实体性权利义务是指能决定行政关系当事人能否进入某一具体行政法律关系的资格,及其在具体行政法律关系中的地位的权利义务。

程序行政法是规定为保证行政法主体实体性权利义务的实现而设定的行政法律关系主体的权利和义务的程序性行政法规范的总称。根据规范程序的阶段的不同,程序行政法又可以分为事前性行政程序法和事后性行政程序法。事前性行政程序法,又被称为"一般行政程序法",是指有关行政行为作出之前的程序的行政法规范,例如《中华人民共和国行政许可法》中有关行政许可的程序性规范;事后性行政程序法是指有关行政行为作出之后的程序的行政法规范,例如《中华人民共和国行政复议法》《中华人民共和国行政诉讼法》中有关行政复议、行政诉讼程序的规范。

实体行政法和程序行政法具有不同的功能,所遵循的法律原则也各不相同。但在现行法律中,两者的区分并非泾渭分明的,而往往共存于同一法律甚至法律条文之中。从两者的关系来看,程序行政法是实体行政法中权利义务实现的保障。

(二)内部行政法与外部行政法

根据行政法调整对象的不同,可以将行政法分为内部行政法和外部行政法。

内部行政法是指用于规范国家行政机关之间,或者国家行政机关与其工作人员之间的行政关系的法律规范的集合。其核心目的是确保行政系统内部的有序运作和高效管理,通常通过规章制度、行为准则、纪律规定等方式来实现内部的协调和约束。

外部行政法则是用于规范国家行政机关与社会组织、公民之间的行政关系的法律规范的集合。外部行政法以保障社会秩序、维护公共利益为目的,通常通过行政许可、行政处罚、行政复议等具体的法律制度来确保国家权力依法合理行使,并保护公民和社会组织的合法权益。

尽管内部行政和外部行政都以国家行政机关为一方主体,但其所遵循的基本原则、规范的侧重点以及实现的方式存在显著差异。因此,法律在调整这两种行政关系时也采取了不同的方式:内部行政法注重机关内部的组织、纪律和效率,而外部行政法则更强调依法行政、权利保护和公众参与。

这种差异性体现了行政法体系在权力制约与保障权利方面的双重功能，有助于实现行政管理的有序性与合法性。

（三）行政组织法、行政行为法与行政救济法

根据行政法所规范的行为类型的不同，行政法可以细分为行政组织法、行政行为法和行政救济法，这三部分构成了行政法的主要内容体系，为行政法的研究和教学奠定了基础，也成为行政法学教材中最常用的分类方式。

行政组织法是关于国家行政机关的组织、权力配置及管理的法律规范。它规定了行政组织的设置权、编制权，明确了不同层级和职能部门的行政权限，规范了国家公务员的录用程序及其管理权限。行政组织法的核心作用在于构建行政机构的结构，确保国家行政权力的合理分配和高效运行，为各类行政活动提供组织保障。

行政行为法则是对行政机关依法行使行政权力的具体行为所进行的规范，包括行政处罚、行政许可、行政征收、行政强制等不同形式的行政行为。行政行为法不仅确定了这些行为的设定和实施的程序规则，也规范了行政机关行使职权的合法性和合理性，以确保行政行为的公正性、合规性与透明性，从而保障行政相对人（即公民和社会组织）的合法权益。

行政救济法在行政行为违法或侵害相对人权益时，为其提供救济途径，包括通过行政复议、行政诉讼、国家赔偿等机制来维护相对人的权益。行政救济法的存在为公民和社会组织提供了法律上的申诉和追责渠道，使其在受到不公正待遇时能够获得相应的法律救济，体现了依法行政的理念和对公民权利的保护。

这种三分法不仅系统化了行政法的学科结构，还通过不同功能模块的划分反映了行政法的基本任务，即建立科学合理的行政组织体系，确保行政行为依法进行，并为受到不当行政行为侵害的相对人提供有效的法律救济。

（四）一般行政法与特别行政法

根据行政法调整对象的范围大小，可以将行政法划分为一般行政法和特殊行政法。

一般行政法又称“普通行政法”，是指那些涉及广泛、适用于多个行政领域的法律规范。这类法律具有普遍适用性，能够在所有（或大多数）行政领域中施行，涵盖了行政法的基本原则和通用规则。一般行政法的内容包括

行政程序法、行政处罚法、行政复议法等，这些法律规范在各类行政事务中广泛适用，旨在为不同领域的行政活动提供通用的法律框架，确保行政活动的规范性与一致性。

特别行政法又称“部门行政法”或“专门行政法”，是指那些针对某一特定行政领域的法律规范，仅适用于该领域，无法在其他领域中通用。特别行政法根据特定领域的需求和特性制定，通常具有很强的专业性，直接服务于具体行政管理的需要。

一般行政法和特别行政法的分类，使得行政法既具有广泛的适用基础，又能够根据不同行政领域的特点提供专业化的法律保障。这一划分方式不仅有助于法学研究者系统地探讨行政法的共性和特性，还能推动对特定行政法领域的深入研究，使每个领域的法律体系更具针对性和操作性，从而进一步提升行政管理的合法性和有效性。

第二节 行政法的特点与作用

一、行政法的特点

（一）行政法的形式特点

1.没有统一完整的实体行政法典

行政法没有统一完整的实体行政法典，而是散见于数量繁多、层次不同、表现形式多样的各类规范性文件之中。这种现象不仅反映了行政法的独特性，也揭示了其在法律体系中的特殊地位。行政法未能像刑法、民法等部门法一样，由国家制定出统一、完整的实体性法典，主要是由于其涉及的社会生活领域十分广泛，调节的社会关系极为复杂。行政法的内容纷繁易动，随着社会发展而不断演变，且因其专业性和技术性较强，使得制定一部系统的、统一的法典面临巨大挑战。此外，行政管理实践中常常存在着地方性法规和行业规定，使得行政法在实施过程中更显碎片化特征。

2.实体性规范与程序性规范交织共存

在行政法领域，实体性规范与程序性规范的关系呈现出一种复杂的交织状态，这两者常常共存于同一法律文件中。与刑事法和民事法的情况截然不同，后者已经实现了实体性规范与程序性规范的清晰分离，形成了独立的法律部门，如刑法与刑事诉讼法、民法与民事诉讼法。然而，行政法由于其程序的复杂性和多样性，涵盖了行政职权的设定、行使、监督及救济等多个环节，使得行政实体规范与程序规范密切相关。在一些国家的行政程序法典中，尽管法律条文主要聚焦于程序性规定，但依然不可避免地包含了大量的实体性规范。反之，在许多以行政实体性规范为主的法律文件中，程序性规范也常常被融入其中，体现出行政法的独特特征和运作方式。

（二）行政法的内容特点

1.行政法具有广泛性

行政法是有关行政的法，而现代行政的范围正不断扩大，涉及的领域包括政治、军事、外交、经济、科技、文化、卫生、教育、公安、民政及基础设施建设等多个方面。作为行政法调整对象的行政事务，其广泛性直接影响了行政法内容的丰富性和多样性。这种广泛性不仅体现在行政行为的多样化，还体现在行政法律关系的复杂性上。随着社会的发展和公共事务的日益复杂，行政法的适用范围也不断拓展，涵盖了更加细致和专业的法律条款，以回应不同领域的行政需求。例如，在经济领域，行政法需要规制市场行为、保护消费者权益及促进公平竞争；而在社会管理方面，行政法则涉及社会保障、公共卫生等领域的政策执行与法律适用。这种广泛性不仅促进了行政法自身的发展，也推动了社会各个层面的法律意识的提高，进而形成了更为完善的法治环境。

2.行政法具有相对易变性

法律的稳定性和持续性是其基本特征之一，法律应当具备一定的安定性，以免出现频繁的变更对社会秩序造成负面影响。然而，由于社会结构、经济发展、科技进步等因素的不断变化，具体的行政关系也呈现出一定的流动性和变动性。因此，行政法需要适时地进行重新制定、废除或修订，以更好地适应现实行政发展的需要。相较于宪法、民法、刑法等相对稳定的法律体系，行政法的变动性特征尤为明显。这种特征的表现不仅体现在法律文本的变更上，也体现在行政法规和政策的频繁调整之中。

尤其在我国当前行政改革深入推进的背景下，行政法的相对易变性表现得更加突出，要求法律及时反映社会和行政实践中的新情况、新问题，以维护社会公共利益和行政效率。此外,行政法的易变性也体现在对社会热点问题的快速反应能力上,例如在应对突发公共卫生事件或自然灾害时,行政法需迅速调整相应的法律框架,以确保行政措施的有效实施和公众安全。因此,行政法的相对易变性不仅是其适应性的一种表现,更是促进法律与社会动态变化之间良性互动的重要机制。

3.行政法兼具行为规范与裁判规范的性质

根据法律规范所起到的作用不同,可以将行政法划分为行为规范和裁判规范。所谓行为规范是指规定或指导当事人如何行为的法律规范,是当事人行为的标准;裁判规范是指在当事人之间发生纠纷而向法院提起诉讼时法院据以作出裁决的法律规范,是法院裁判的标准。在法理学上,将法律的功能定位为指引、评价、预测、教育、强制,可见,一般的法律规范都兼具有行为规范和裁判规范的性质,但不同的法律规范在功能定位上的侧重点不同。例如,在民事法律关系中当事人之间适用个人意思自治的原则,民法规范本身并不直接约束当事人的行为,民事法律关系由当事人自由合意形成,而只有在当事人之间产生纠纷时民法规范才成为法院判断的标准。从这种意义上来看,民法规范是纷争解决的标准,具有裁判规范的性质。

与此相对,由于行政机关的行为是一种行使公权力的行为,不能适用意思自治的原则,而根据依法行政原则的要求,必须对行政机关行使公权力行为的过程进行严格法律控制。对此,行政机关和相对人都必须遵守、服从,而不得通过双方的合意而改变。在这种意义上,行政法意味着对行政机关行为的规范。此外,当相对人对行政机关的行为不服而提起行政诉讼时,行政法规范就成了法院裁判案件的标准,在这种意义上,行政法也具有作为裁判规范的性质。可见,行政法对于行政机关来说是行为规范,同时对于法院来说是裁判规范,兼具有两种规范的性质。

4.行政实体法和行政程序法内容融合

民法与刑法基本上是实体法,与其相对应的程序法是民事诉讼法与刑事诉讼法。可见,在民法、刑法中实体法与程序法的区分较为明确。但在行政法中,《中华人民共和国行政诉讼法》虽然总体上被认为是程序法,但其中也包含有关行政违法的标准等实体性规范。此外,除了《中华人民共和国行政诉讼法》之外,还存在着规定行政行为作出的时间、顺序、步骤等的行政程序法。这种行政程序法往往与行政实体法交织在一起，呈现融合状态。例如，在《中华人民共和国行政许可法》中不仅规定了行政许可的设定、实施机关、费用、监督检查、法律责任等实体法规范，而且还专门设置了行政许可的实施程序，用以规定行政许可的程序性规范。

对于行政法是实体法还是程序法的认识各国并不相同。总体而言，大陆法系国家较为注重行政实体法，而英美法系国家则侧重于行政程序法。随着现代社会的发展，不同国家之间的法律存在着趋同的趋势。例如，德国、日本等大陆法系国家也制定了专门的行政程序法典，越来越重视行政行为在程序方面的合法性要求。

二、行政法的作用

（一）防止行政权力滥用

行政活动本质上是对行政权力的行使，而权力的本质在于其能够强制他人服从。因此，行政权力的行使不仅有可能重塑行政机关与公民、法人及其他社会组织之间的关系，还可能对后者的合法权益造成直接或间接的损害。因此，建立有效的制约和监督机制，以防止行政权力滥用，是极为必要的。行政法通过明确规定行政权力的取得、行使方式、适用范围及由此产生的法律责任等行为规范，为行政机关的权力行使提供了有效的法律依据，从而实现对行政行为的有效监督，这一监督不仅是对行政权力的制约，更是对行政法治精神的体现，通过法律手段确保行政权力在其法定范围内行使，从而维护公民、法人和其他社会组织的合法权益，促进社会的公平与正义。

（二）维护社会秩序与公共利益

在社会政治、经济与文化不断进步的背景下，虽然这种发展为社会各个领域带来了显著的积极效应，但也不可避免地伴随着一些复杂的社会矛盾的出现。这些矛盾往往引发了一系列严重的社会问题，严重制约了经济的健康发展，损害了公共利益，进而破坏了社会的整体秩序。因此，解决这些突发的社会问题的关键在于依赖于系统的行政法律规范。

国家行政机关在这一过程中发挥了至关重要的作用，主要通过行政立法、行政执法与行政司法等一系列行政管理手段，有效地规范与约束社会成员的行为。具体而言，行政法通过设定明确的法律框架和规制标准，使社会成员在参与经济活动及其他社会交往时能够遵循法治原则，从而减少因法律意识淡薄而引发的违法行为。同时，国家行政机关的介入能够有效制止和预防任何危害社会公共利益的违法活动。

（三）保障和提高行政机关的行政管理绩效

行政管理绩效是指行政机关在其行政管理活动中所取得的积极成效，涵盖效率、效益和质量等多个维度。这一绩效的实现，既依赖于高质量的行政组织架构及其工作人员的专业素养，也离不开严格、公正和高效的行政工作程序。行政组织法、公务员法和行政程序法等一系列行政法律规范为行政管理绩效的提升提供了坚实的法律保障。具体而言，行政机关可以根据行政组织法的相关规定，进一步加强自身的组织建设，优化内部结构，以提升国家公务员的整体素质和专业能力。

（四）保障公民、法人和其他社会组织的合法权益

行政法在现代法治国家的治理体系中扮演着至关重要的角色，其主要功能之一是保障公民、法人及其他社会组织的合法权益。具体而言，行政法不仅赋予行政机关必要的行政权力，以便其能够有效地执行公共政策和社会管理职能，而且还通过一系列监督机制确保这些权力的行使符合合法性和适当性原则。这种监督机制包括行政监察、内部审计以及社会监督等多种形式，旨在防止权力滥用和保障公众利益。

行政法还赋予公民、法人及其他社会组织对侵害其合法权益的行政行为的行政救济权。这些救济权包括行政复议权、行政诉讼权和请求赔偿权等多种形式。这些救济机制为受害者提供了有效的法律途径，使其能够通过法律手段维护自身的合法权益，及时纠正不当行政行为。通过这些法律制度的有效运作，行政法确保了社会正义的实现，并强化了法治的基础，为构建和谐社会提供了重要保障。因此，行政法在维护法律秩序、保护公民权利以及促进社会公平正义方面发挥了不可或缺的作用。

第三节 行政法的基本原则

法律原则是指在一定法律体系中作为法律规则的指导思想、基础或本源的综合的、稳定的基本准则。行政法基本原则就是指行政法体系中最基

本的法律原则,对于行政法理论与实践都具有重要意义,其贯穿于整个行政法之中,对于行政法理论、行政法律规范的制定与执行以及行政救济具有指导意义的基本准则。行政法基本原则反映了各种行政法律制度的内在联系,体现了行政法律规范的基本精神与基本的价值观念。

一、行政法的依法行政原则

行政法中的依法行政原则,主要包括行政合法性原则与行政合理性原则。这两项原则作为行政行为的基本准则,分别从不同的角度对行政机关的行为进行规范与约束,确保行政权力的行使不仅符合法律规定,而且符合公平、公正、合理的基本要求。行政合法性原则强调行政机关必须依据法律授权进行行政活动,任何行政决定和行为都不得超越法定职权和权限;而行政合理性原则要求行政机关在行使权力时,应考虑社会公共利益、权利保障及相应的实际情况,力求实现权力行使的最好效果,避免因行政行为的不合理性而损害当事人的合法权益。两者共同构成了行政法中对于行政行为合法性与合理性的基本保障。

(一)行政合法性原则

行政合法性原则是指行政主体必须依据法律进行行政活动,不得违反法律,行政主体对于其违法行为必须承担相应的法律后果。

行政合法性原则要求行政主体必须严格地按照法律规定作出行政行为,对于行政主体作出的行政行为,要求必须主体合法、内容合法、形式合法与程序合法。对于违法的行政行为,规定不发生法律效力或者可以由有权机关撤销,并要求行政主体必须承担相应的法律责任。

(二)行政合理性原则

合理行政即要求行政除必须合法外,还要求行政机关实施行政管理应当遵循公平、公正的原则,平等对待相对人,行使自由裁量权应当符合法律目的并排除不相关因素的干扰,采取的措施和手段应当必要、适当,避免采用损害当事人权益的方式进行行政管理等。可见,现代的依法行政观念不仅要求行政活动具有合法性,还要求行政活动具有合理性。

行政合理性原则要求行政主体不仅应当依据法律进行行政活动,而且还要求行政主体的行政活动必须符合公平正义等客观理性。如果将行政合法性中的“法”视为制定法,则可以将行政合理性中的“理”视为自然法,自然法是指超越实在法之上的、客观存在的公平正义等永恒的价值观念或规则。因此,可以将行政合理性原则视为对依法行政中的“法”的要求,在这种意义上,行政合理性原则是实质意义上的依法行政原理在行政法基本原则中的体现。

二、行政法的比例原则

比例原则又称为平衡原则,是一种对目的和手段之间关系的考量。简而言之,它涉及国家一切措施的目的,以及为达到这些目的所采取的手段对人民造成的负担之间的权衡。比例原则是指行政机关采取行政行为时,应当全面衡量有关公共利益和个人权益,采取对公民权益造成限制或者损害最小的行政行为,并且使行政行为造成的损害与所追求的行政目的相适应。比例原则源于对正义价值的理解,其意义在于保护与平衡对个人利益与公共利益的冲突,防止过分偏离正义价值的立法与行政行为,特别是要在具体个案中具体地平衡国家利益与公民利益的冲突。

具体分析比例原则的内容,可以推导出其下位的三个原则,即妥当性、必要性和均衡性原则,这种推导方式被称为比例原则的“三阶理论”。

(一)妥当性原则

妥当性原则又称为适当性原则,是行政法中的重要法理要求,强调行政主体在行使行政权力时所采取的手段应当能够有效地实现预定目标。该原则从“目的取向”角度出发,规范行政权力与其行使主体所选择的措施之间的比例关系,要求行政行为不仅要合规合法,而且必须具备实现特定法定目的的能力。如果行政行为所选手段未能有效达到法定目的,或其效果与预期目标相背离,即构成违反妥当性要求,从而也违背了比例原则。

在实际操作中,妥当性原则要求行政主体在作出决策时,必须权衡所选手段与实现目标之间的契合度,避免使用过度或无效的手段,确保行政行为的适当性与有效性。这种判断不仅依赖于主观认知,还必须结合具体环境与条件,基于客观事实进行综合考量。简言之,行政主体的行为应当具备可实现目标的合理性,避免不必要的行政干预或手段过度,确保行政行为达到既定目的的最大效益。

(二)必要性原则

必要性原则也称不可替代性,要求行政主体在行使行政权力时,所采取的手段必须在可供选择的多种手段中,是为了实现法定行政目的而最不侵犯人民权利的措施。具体而言,在行政行为的实施过程中,如果存在多种可供选择的措施,行政主体应当优先选择那些对人民造成最小侵害的手段。必要性原则强调的是"最低侵害"的要求,即必须确保所选措施在实现行政目标时,给人民造成的负面影响最小。

当行政行为的目的可以通过不同措施达到时,适用必要性原则。如果行政主体所采取的手段是唯一的,且没有可替代的选择,就不再涉及必要性的问题,它从"法律后果"的角度规范行政权力的行使,要求行政行为的手段必须合理地适应所追求的目的和期望结果之间的关系。

必要性原则的核心是基于"经验的因果律",即在制定政策时,行政主体应依赖过往的经验和理论知识,对所采取的手段与所期望的目标之间的比例关系进行充分评估,这种评估不仅需要理论依据,还要考虑实际的效果和环境因素,以确保所选择的手段在所有可选项中是最温和且侵害最小的。因此,必要性原则在行政实践中,发挥着保障个人权益、维护社会公平与正义的重要作用。

(三)均衡性原则

目的与手段之间仅符合妥当性、必要性的要求还是不够的,因为行政行为的实施不可避免地会引起双方利益,甚至多方利益的冲突,这就要求必须在价值层面进行考量和权衡。均衡性原则,又称为法益相称性原则或狭义比例原则,即要求行政主体行使行政权力时,所采取的措施与其所达到的目的之间必须合比例或相对称。也就是说,尽管一项行政措施对于达到行政目的是必要的,但如果其实施结果给人民带来的损害超过了实现该行政目的所带来的价值,那么,该行政权力的行使就违反了法益相称性原则。因此,行政主体在行使某项行政权力前,必须将行政目的达到的利益与将会给人民造成的损害后果之间进行权衡,只有在证明行政行为所能实现的价值大于其所侵害的人民权利时才能采取。反之,则不能采取。

为了实现特定的行政目的(公共利益),行政机关必须选择运用一定的行政手段。而比例原则以行政手段与行政目的的关系为核心,强调行政手段与行政目的之间应当存有一定的比例关系，行政手段必须适合于行政目的，不可以为达到目的而不择手段。上述妥当性原则、必要性原则与均衡性原则分别从“目的取向”“法律后果”“价值取向”上规范行政手段与其行政目的之间的内在关联，三者各有侧重而又相互衔接，共同构成了比例原则的主要内容。

比例原则的“三阶理论”是有顺序性的，即要求在具体运用比例原则时，先考察行政行为手段与目的之间的妥当性，再选择对公民利益损害最小的手段来实现行政目标，最后还必须对各方的利益进行总体上的考虑，考察行政行为所能实现的目标价值是否高于行政行为对公民的合法权益损害的价值。但是，这三个原则的界分并不明确。在内容本质以及适用次序上，似乎不必采取绝对严格的界分论。“三阶理论”仅仅作为一种一般原则性的思维方式而已。因此，在具体个案的适用上不见得必须按部就班，甚至审查的次序也可以颠倒。

三、行政法的信赖保护原则

在民法中，诚实信用原则是指当事人在民事活动中必须诚实、善意，恪守诺言，诚实不欺。诚实信用原则的适用不仅限于民法领域，而且也可以适用于所有的法律领域。在行政法领域，诚实信用原则要求行政活动中的有关当事人必须遵守诚实信用的道德规则，特别强调对相对人的保护和行政主体的要求，而被进一步发展为“信赖保护原则”。信赖保护原则是指，行政相对人依法获得的权益受法律保护，除该权益所依据的法律法规、规章修改或者废止，或者赋予权益时所依据的客观情况发生重大变化，为了公众利益的需要确需依法变更或者撤回已经作出的授益性行政行为外，行政主体不得擅自改变或撤销已经作出的行政行为或者承诺。对于依法变更或撤销的授益性行政行为或承诺，行政主体应当依法给予补偿。①

（一）信赖保护原则的要件

1.信赖基础

信赖保护的基础源自行政主体在行使公权力时所进行的行政活动。行政主体在履行其职能过程中，通过实施各种行政行为及其他行政活动形式，

①王学栋，谌爱华.行政法专题研究[M].北京：中国政法大学出版社，2020：39.

赋予相对人对其活动的信任基础，这种行政活动不仅仅局限于狭义上的行政行为，例如行政处罚、行政许可、行政命令等，还包括广义上的行政行为，如行政指导、政策性建议等。行政主体的这些行为对相对人产生了可预见的影响，进而形成了信赖保护的必要性。因此，信赖保护的根本前提是行政主体所开展的行政活动，它为相对人形成信赖提供了事实和法律上的基础。

2.信赖表现

信赖表现是指相对人基于对行政活动的信任所作出的实际行为。行政主体的行为虽然为信赖的产生提供了条件，但是否形成信赖，还需要相对人通过特定的行为或不作为来表现其对行政活动的信任。例如，相对人可能依据行政指导或先前的行政承诺作出某种积极的行动，或因行政活动的某种暗示性信号而选择不采取行动，这一信赖表现是信赖保护原则得以适用的关键，它表明相对人在认知到行政活动存在的基础上，作出直接或间接的回应。信赖表现与具体的行政活动之间必须存在紧密的因果联系，亦即相对人的行为或不行为必须是受到行政活动的直接影响，且其信赖的对象必须是行政活动所指向的具体内容。

3.信赖值得保护

信赖表现虽能证明相对人基于行政活动的信赖而进行了一定的行为，但并非所有的信赖表现都能够获得法律的保护。对于信赖表现的程度，必须达到一定的标准，这意味着信赖表现应具有一定的实质性，方可被认为是值得法律保护的。是否“值得保护”是一个具有主观性的判断，通常需要根据具体的情境和个案的具体情况进行综合分析。例如，信赖表现是否具有合理性、是否存在不可逆的行为后果等因素，都会影响是否应当给予信赖保护。在判断信赖是否值得保护时，应全面考量行政行为的性质、相对人行为的具体情况以及社会公平与秩序等方面的因素。

（二）信赖保护的方式

信赖保护的方式可分为两种类型：①要求行政主体不得随意变更、撤销或废止（撤回）已经生效的行政行为，这被称为“存续性保障”或“事实保障”；②在因公共利益确需变更或撤销原行政行为时，对于由此给相对人造成的损失应当给予相应的补偿，这被称为“价值保障”。一般而言，应当以事实保障为原则,只有在因公共利益的需要而不得不变更或撤销原行政行为时,才可适用“价值保障”。

四、行政法的公开、公平、公正原则

在行政法的基本原则中,公开、公平、公正原则占据着极为重要的地位,这些原则在保障行政行为的合法性、合理性和正当性方面发挥着关键作用。

公开原则:公开原则要求行政主体对于自己的行为及其所掌握的信息,除依法应当保密外,必须向相对人或社会公布。公开的行政信息内容包括:行政法规、规章等规范性文件;行政会议、决议、决定;行政行为以及行政行为所依据的法律、事实、理由;行政机关在履行职责过程中制作或者获取的,以一定形式记录、保存的信息;等等。

公平原则:公平原则包括相对人之间的公平原则以及相对人与行政主体之间的公平原则。公平原则要求行政主体在对待各方相对人时应当同等情况同等对待,不同情况区别对待。此外,公平原则还要求行政法必须体现行政主体与相对人之间的公平,具体要求行政法适当限制行政权力,加强对行政权的监督,在行政活动中充分保障公民的权利,包括听取相对人的意见,为相对人提供充分的参与机会和完善的救济途径等。

公正原则:公正原则源于英国普通法中的自然公正原则,即任何权力必须公正行使,对当事人不利的决定必须听取他的意见,要求任何人或团体在行使权力可能使别人受到不利影响时必须听取对方意见,每一个人都有为自己辩护和防卫的权利;任何人或团体不能作为自己案件的法官。而在行政法中,公正原则是指行政主体在行政过程中不得存在偏见、专横武断,必须客观公正地进行行政活动。具体要求行政主体在作出行政行为的决定前必须听取相对人以及利害关系人的意见、具有利害关系的行政主体工作人员必须回避、行政行为必须客观公正等。

第二章 行政法律关系

行政法律关系是行政法理论与实践的核心内容，是理解行政行为、行政责任以及行政救济等问题的关键所在。本章探讨行政法律关系的特征、种类及内容，帮助读者把握行政法律关系的本质与运行规律。

第一节 行政法律关系的特征

在行政活动中有各种各样的行政关系，这些行政关系经过行政法的调整产生了行政法律关系。行政法律关系是指现实行政过程中的各种行政关系经行政法调整而形成的权利义务关系[①]，是行政关系经过行政法的调整而形成的具有特定的权利义务内容的法律关系。与民事法律关系的平等、等价、有偿等特征相比较，行政法律关系在主体与内容上具有如下特征。

一、行政法律关系的主体特征

（一）行政法律关系的主体至少有一方是行政主体

在行政法律关系中，至少一方当事人必须是行政主体，即具有国家或地方政府职能的行政机关，或是依法被授予行政权力的特定组织。纯粹存在于行政相对人之间的关系，无法构成行政法律关系，这是因为行政法律关系的形成依赖于公权力的行使，只有当一方当事人（即行政主体）基于其法定权限，对另一方当事人（即行政相对人）行使公权力时，才构成行政法律关系。这种公权力的行使赋予了行政法律关系独特的“公法性”特征，使其区别于由平等主体基于自愿协商建立的民事法律关系。

（二）行政法律关系主体之间的法律地位具有不对等性

在行政法律关系中，由于“公权力”这一特定因素的存在，行政主体作为公权力的代表，相较于行政相对人具有显著的优越性，从而始终居于支配和主导地位，形成了主体地位的不对等性。这种不对等性主要体现在以下三方面。

---

①江利红．行政法学[M]．北京：中国政法大学出版社，2014：89.

1.行政法律关系的单方意思表示

行政法律关系的产生、变更或消灭通常依赖于行政主体的单方意思表示,并不以双方意思表示一致为要件。这意味着行政主体可以在未获得相对人同意的情况下,依照法定权限作出决定。例如,行政机关可以单方面作出罚款决定,要求特定相对人承担经济处罚,而并不需要其主动接受或表示同意。由此体现出,行政法律关系在成立与实现的过程中,行政主体拥有独立决定的权力和较强的主动性,而行政相对人则处于从属性地位。

2.行政主体拥有强制执行权

行政主体在行使公权力的过程中,以国家强制力作为实现其决策的后盾。当行政相对人拒绝履行义务或不配合行政决定时,行政主体有权直接行使强制手段以确保行政法律关系的实现,例如强制执行命令、征收或限制人身自由等措施。反之,行政相对人在行政主体不履行职责或违法行使权力的情况下,则需通过申诉、行政复议或诉讼等法定途径寻求救济,缺乏自行对抗行政主体的权力。同时,针对行政主体的违法或不当行为,若无授权机关的确认和裁定,该行为通常不会立即停止执行,行政相对人亦无权自行抗拒。这种权力的不对等性反映出行政主体在法律关系中的主导性。

3.行政主体享有行政优益权

为了保障行政主体在行使职权过程中能够顺利履行其职务,国家赋予其一定的职务性优惠待遇,即行政优益权。这些优惠待遇包括职务上的各种"特权",如优先获取信息、优先调用资源等行政优先权,以及物质上的特定保障,如为行政工作人员提供特定的经济津贴、社会保险等行政受益权。通过行政优益权的赋予,国家确保行政主体在履行职务时具有较高的便利性和可操作性,进一步巩固其在行政法律关系中的主导地位。这些特权与保障条件不仅为行政主体提供了更多的资源和便利,更加深了其与行政相对人之间法律地位的不对等性。

二、行政法律关系的内容特征

(一)行政法律关系的内容法定

在民事法律关系中,当事人享有广泛的自主协商权,通常可以通过合同或协议的形式自行决定权利与义务的内容,甚至可以根据自身意愿部分或完全放弃权利。然而,行政法律关系具有显著的内容法定特征,行政法律关系中的权利与义务通常由行政法律规范事先明确规定,当事人双方既不能通过协商或协议改变其权利义务的范围,也无权自行放弃或转让这些权利与义务。在行政法律关系中,当事人只能依照法律规范的规定享有相应的权利或承担相应的义务,而不能基于自身意愿进行调整或替代。以公安机关对于盗窃行为的行政处罚为例,如果某人因盗窃行为被处以拘留10日的处罚,此处罚决定是依据相关行政法律规范作出的,双方当事人不得通过协商改为拘留5日或以罚款替代拘留。

在行政法律关系中,行政主体的权利义务是由其所享有的法定职权和承担的法定职责所构成,行政主体在行使职权或履行职责时必须严格遵循法律规定,不能超越或减损其法定义务和权利。这与民事法律关系形成鲜明对比,行政主体对于其职权和职责并无自由处分的空间,不能像民事权利那样自愿放弃或调整其法定职权,否则即构成行政失职。因此,行政法律关系的内容法定性不仅确保了行政行为的合法性和规范性,也体现了行政法律关系区别于其他法律关系的独特性。

(二)行政法律关系中行政主体的权利与义务具有统一性

在行政法律关系中,行政主体的权利与义务,即行政职权与行政职责,具有高度的统一性。行政职权通常指的是行政主体在行使职能过程中所享有的权力,而行政职责则是行政主体在履行法定职能时所应承担的责任。根据行政组织法的相关规定,行政职权与行政职责之间存在着紧密的联系,两者往往是相互依存的、不可分割的。换言之,权力的存在不仅意味着行政主体可以采取行动,还意味着其必须承担相应的责任,二者并非泾渭分明、各自独立的,而是交织在一起,往往形成一种交叉重叠的关系。

行政主体的职权与职责、权利与义务在行政法律关系中实现了深刻的统一。例如,公安机关对某涉嫌盗窃的嫌疑人处以拘留10日的行政处罚,具体来看,这一处罚行为在不同主体的角度下分别体现了权利与义务的统一。对于涉嫌盗窃者而言,拘留是公安机关所享有的行政权力(即行政职权);而对于失窃者或国家而言,拘留则是公安机关必须履行的责任(即行政职责)。这一点表明,公安机关的拘留行为既是其享有的权力,也是其必须履行的责任。简而言之,公安机关的这一行为不仅是行使其行政职权的体现,也是履行其法律责任的要求。

行政机关在行使职权时，所承担的责任是明确且不可回避的。行政主体一旦发生特定的法律事实，就不仅仅享有相应的权力，同时也必须依法承担起与之对应的义务或责任。这种权利与义务的统一性，体现了行政法律关系中行政主体的全面性和法治性，强调了行政机关在法律框架内的双重角色：既是法律赋予的权力的行使者，又是法律规定的责任的承担者。

第二节 行政法律关系的种类

一、按照行政法律关系的属性进行分类

（一）行政实体法律关系

行政实体法律关系，是指由行政实体法律规范所调整，直接涉及行政主体与行政相对人在实体权利义务上的分配与调整的法律关系。此类法律关系的核心在于处分行政实体上的权利和义务，即明确界定行政主体（如税务机关）与行政相对人（如纳税人）在特定行政活动（如税收征收）中的权利享有与义务承担。例如，税务机关与纳税人之间基于税法规定而形成的征税权利与纳税义务关系，即为典型的行政实体法律关系，它体现了行政法律关系中最为本质和核心的权利义务内容。

（二）行政程序法律关系

与行政实体法律关系相对应，行政程序法律关系则侧重于由行政程序法律规范所调整，旨在确定行政程序上的权利和义务的法律关系。这类法律关系虽不直接涉及实体权利义务的处分，但却是保障实体性权利义务关系得以有效形成、正当行使与顺利实现的重要机制。行政程序法律关系更多地表现为一种手段性或过程性的权利义务关系，它通过设置合理的行政程序，如听证、告知、申请与审批等，确保行政行为的合法性、公正性与效率性，进而为实体权利义务关系的实现提供程序上的支持与保障。

二、按照行政主体的隶属关系进行分类

（一）内部行政法律关系

内部行政法律关系是指其法律关系中的各方当事人均隶属于国家行政系统内部，体现为一种自我管理与自我约束的法律关系。这种关系主要发

生在行政主体之间，以及行政主体与其所属的公务人员之间，因内部行政管理活动的实施而产生。具体而言，内部行政法律关系可能涉及上级行政机关对下级行政机关的指导与监督，行政机关内部不同部门之间的协作与配合，行政机关对其所属公务人员的任免、奖惩、培训等管理活动。这些关系虽不直接面向社会公众，但其运行状况直接关系到行政系统的整体效能与公务员队伍的稳定性，因此，内部行政法律关系的规范与完善是行政法治建设不可或缺的一环。

内部行政法律关系的特点在于其“内部性”与“管理性”。内部性体现在法律关系的各方主体均属于行政系统内部，其权利义务的设定与调整主要遵循行政组织法与公务员法等内部规则；管理性则体现在这种法律关系本质上是一种自我管理与自我监督的机制，旨在通过内部规则的制定与执行，确保行政系统的高效运行与公务员行为的合规性。

（二）外部行政法律关系

外部行政法律关系的显著特征在于至少有一方当事人不属于国家行政系统内部，而是作为社会成员的身份参与行政法律关系。这种关系主要表现为国家对社会成员的行政管理活动，即行政主体依据法定职权与程序，对社会成员进行规制、服务、保障等外部行政活动，从而与行政相对人之间形成权利义务关系。外部行政法律关系是行政法最直接、最广泛地与社会公众接触的领域，其内容与形式涵盖了行政许可、行政处罚、行政强制、行政征收、行政给付等多种行政行为类型。

外部行政法律关系的特点在于其“外部性”与“社会性”。外部性体现在法律关系的至少一方主体是社会成员，其权利义务的设定与调整需遵循行政法律法规等外部规则；社会性则体现在这种法律关系不仅关乎行政主体与行政相对人之间的个体关系，更涉及行政权力对社会公共利益的影响与保障，是行政法实现社会治理目标的重要途径。

三、按照行政法律关系的形成方式进行分类

（一）明示的行政法律关系

明示的行政法律关系是指行政主体在其行政行为中明确指定了行政相对人。此类关系的特征在于行政主体的行为具有清晰的法律指向，行政相

对人对此有明确的知情权和参与权,因而能够直接享有或承担相应的权利与义务。例如,某一行政机关通过正式的行政决定向特定的个人或法人传达某项行政措施时,即形成了明示的行政法律关系。在这一关系中,行政主体与行政相对人之间的权利与义务关系被明确界定,且行政相对人可以依据此关系向行政主体主张自己的权利。

(二)暗示的行政法律关系

暗示的行政法律关系中,尽管行政主体作出的行政行为未必明确指向特定的行政相对人,但其行为仍可能对第三方的合法权益产生重要影响。暗示的行政法律关系体现了行政行为的广泛性和潜在影响力,即使没有明确的法律对象,行政主体的决策和措施仍然可能间接地影响到不特定的个体或集体的权益。这种情况下,相关的第三人虽未被直接指名,但其合法权益依然可能因行政行为的实施而受到影响,例如,某项政策的制定虽然未具体针对某一企业,但其实施可能对整个行业的运营环境和市场竞争格局产生深远影响。

第三节 行政法律关系的内容

行政法律关系的内容是指行政法律关系主体所享有的权利和履行的义务。也就是说行政法律关系的内容包括行政法律关系主体的权利和行政法律关系主体的义务两部分内容。行政法律关系主体的权利是指行政法律关系规范赋予行政法律关系当事人可以为或不为一定行为或者要求对方当事人为或不为一定行为的资格。行政法律关系主体的义务是指由行政法律规范规定的行政法律关系当事人必须为或不为一定行为的约束。

一般而言,行政法律关系主体主要是行政主体和行政相对人,行政法律关系的内容包括以下方面。

一、行政法律关系主体的权利

(一)行政主体的权利

行政主体的权利,通常称作行政职权,是指国家通过行政法律规范赋予行政主体在管理和调控社会公共事务时所必需的、具有法定强制力的各种权能的总称。行政主体的职权不仅是其履行社会管理职责的工具,更是其在维护公共利益、保障社会秩序方面发挥作用的法律依据。概括而言，行政主体的权利主要体现在以下方面。

1.行政决定权

行政决定权是指行政主体对特定公民、社会组织或特定事项依法作出具有法律效力的决定的权利。该权利赋予行政主体在实施行政管理时对管理对象采取决定性措施的权力，以确保其决策具有强制执行力，从而保障行政管理活动的顺利进行。

2.行政处罚权

行政处罚权是行政主体针对违反行政法律规范但未构成刑事犯罪的个人或社会组织，追究其行政责任并施以惩戒的权利。行政处罚权包括警告、罚款、没收非法财物、责令停业、暂扣或吊销许可证等多种具体手段，旨在惩戒违法行为，维护行政秩序，防止法律规范的效力受到损害。

3.行政强制权

行政强制权是行政主体在特定情况下为维护公共秩序和社会安全，依据法律授权和法定程序，对行政相对人采取强制性手段的一项权利。该权利通常适用于两类情境：一是为了制止正在进行的违法行为，避免其对公共利益或他人合法权益造成持续损害；二是在突发紧急或危及公共安全的情境下，出于公共利益或安全考量，迅速对相对人采取强制措施。行政强制权的核心在于其“强制性”和“临时性”，通常包括限制相对人人身自由、控制相对人财产或强制执行特定行为。

行政强制权的实施既要符合法律授权，也要符合程序正义要求，以防止因程序缺失或权力越界而导致的权力滥用。该权利的行使应符合比例原则，即采取的强制措施应当与维护公共利益的需要相适应，不得过度干预相对人的合法权益，确保相对人在法定程序下受到充分保护。此外，行政强制权的行使还须接受司法和行政监督，确保措施适度，手段合理，符合公共利益目标。

4.行政裁决权

行政裁决权是行政主体在法律授权下，对特定管理领域内发生的平等主体之间的争议，作出具有法律效力的裁决的权利。该权利赋予行政主体在行使公共管理职能时，对涉及公共利益的特定事项或纠纷进行依法处理的决定权，具有广泛的法律效力。行政裁决权的适用范围主要涵盖行政管理活动中发生的经济、民事等领域的利益冲突，这些冲突往往与行政管理密切相关，但通常不属于刑事或纯民事范畴。行政主体在行使行政裁决权时，应当秉持公正、公平、公开的原则，确保决策的合法性和合理性。

行政裁决权的行使不仅有助于及时解决行政管理中出现的争端，维护管理秩序，亦有利于保障当事人的合法权益。通过依法裁决，行政主体能够化解争议，维护社会的稳定和实现公共利益，同时也为相对人提供一个法律救济的渠道。因此，行政裁决权的行使对于实现依法行政，完善社会治理具有重要意义。在裁决过程中，行政主体应严格遵循法律程序，保障当事人享有充分的知情权、参与权和救济权，确保裁决的公平性与合法性，防止行政权力的偏差与滥用。

5.行政立法权

行政立法权是特定行政主体依据法律授权制定行政法规、规章的权利。该权利赋予行政主体在法定权限范围内，对行政事务进行具体规范，以实现法律的具体化、明确化，便于法律的实施和行政管理的开展。行政立法权不仅是行政主体行使管理权力的重要形式，也在一定程度上体现了行政自主性和行政权力的范围。

（二）行政相对人的权利

行政相对人的权利是指作为行政行为对象的个人或社会组织，依据行政法律规范所享有的在行政活动中主张和维护其合法权益的权利。这些权利赋予了行政相对人在行政管理活动中一定的地位和保障，旨在平衡行政主体的职权行使和公民权利的保护，确保行政行为的合法性和公正性。行政相对人的权利不仅是其对抗或制衡行政权力的工具，也是行政法治的重要组成部分。

1.参与国家管理的权利

行政相对人享有参与国家行政事务管理的权利，这是其作为公民和社会成员的一项重要权利。具体而言，这类权利主要包括选举权和被选举权，特别是在选举国家行政公务人员时拥有的投票权和参选权。此外，还包括对行政机关及其工作人员进行批评和建议的权利,公民可通过信访、投诉等渠道提出对行政工作的意见和建议,参与公共事务的讨论和决策过程。行政相对人还享有通过国家规定的公开、公平竞争的考试程序,担任国家行政公务员的权利,从而在更直接的层面上参与国家管理活动。

2.获得保障的权利

行政相对人有权要求行政主体在法定权限内采取特定的行为或不作为,以实现和保护自身的合法权益。获得保障的权利保障了行政相对人在与行政主体发生行政关系时,能够依法请求行政主体履行其法定职责或放弃某些行为,包括请求行政主体提供公共服务、履行公共义务,或采取必要措施保护相对人权利。例如,公民可以依法要求公安机关提供安全保护,请求税务机关依法办理减税、免税等事宜。这些权利的行使,反映了行政相对人对公共服务的正当需求,并且进一步体现了行政主体在保障公民基本权益方面的义务。

3.诉权

诉权是行政相对人在合法权益受到行政主体侵害时所享有的救济权利,是公民和社会组织保障自身权利的重要法律手段。诉权主要包括检举权、控告权、申诉权、申请行政复议权,以及在合法权益受到侵害时申请国家赔偿的权利。当行政主体的行为不当或违法侵犯了行政相对人的合法权益,相对人可以通过申诉、复议等方式,要求对行政行为进行重新审查,甚至向法院提起行政诉讼,以寻求法律救济。此外,行政相对人还享有国家赔偿的权利,即在行政机关违法行使职权导致个人权益受到损害时,有权要求国家承担赔偿责任。诉权的保障为行政相对人提供了维权的途径,同时也对行政主体的行为形成了监督机制,有助于防止和纠正行政权力滥用。

二、行政法律关系主体的义务

(一)行政主体的义务

行政主体的义务,通常被称为行政职责,是指法律对行政主体在履行行政职能过程中所设立的强制性责任要求。行政主体的职责并不仅仅是权力的体现,更是公共服务与维护社会秩序的法律保障。行政主体必须在法律的框架内行使职权,以维护公民权益、保障社会公平。

1.依法行政的义务

行政主体必须严格遵循依法行政的原则，即在行使行政权力、履行行政职能时，始终按照法律的授权和规定进行。依法行政的义务包括遵守法律赋予的职权范围、依照法定程序进行决策和执行，且不得超越或滥用权力。这一义务的核心在于确保行政行为的合法性和正当性，保障公民的合法权益，并维持社会管理的秩序。依法行政的义务要求行政主体在行使权力的同时，体现法律的公正性和权威性，避免因权力滥用而侵害相对人和社会利益。

2.接受监督的义务

行政主体有义务接受来自多方面的监督，包括法律监督、党内监督以及社会监督等。监督机制的存在，旨在确保行政主体的行为合法合规，防止权力滥用。具体而言，接受监督的义务不仅要求行政主体接受立法机关、监察机关等法定监督机关的监管，还包括接受社会公众、媒体、社会组织和公民个人的监督。接受监督保障了行政行为的透明性和公开性，有助于提升政府公信力和行政管理的效率，也确保行政主体在行使职权时自觉遵循公共利益，接受来自社会各方的合理意见和反馈。

3.补偿损失、赔偿损害的义务

在行政主体实施合法行政行为过程中，如果不可避免地对行政相对人或第三人的合法权益造成损失，行政主体负有补偿义务；而当行政主体在违法实施行政行为时，则应承担赔偿责任。这一义务的设置旨在维护行政相对人和第三人的合法权益，使其在遭受不当行政行为损害后能够得到法律救济。补偿和赔偿的义务不仅是对行政相对人合法权益的尊重，也体现了行政主体在行使公共权力过程中应承担的责任。通过补偿和赔偿，行政主体在维护社会秩序和公共利益的同时，保障个体权益不被任意侵害，从而维护社会的公平正义。

（二）行政相对人的义务

行政相对人的义务是指行政相对人依据行政法律规范的要求，为配合和支持行政主体权力的有效行使而应当承担的特定行为义务。[①]这些义务

①王春业，周伟，郭剑峰，等等.行政法与行政诉讼法[M].北京：中国政法大学出版社，2014：21.

旨在确保行政管理活动的顺利开展,维护公共秩序和社会利益,促进行政职能的实现。

第一,遵守行政法律规范并依规范要求进行行为的义务。行政相对人应当按照行政法律规范的规定,从事或不从事特定行为。此项义务体现了行政法制下的合法性原则,要求行政相对人在行政管理活动中自觉依照法律规章行政,以维护公共秩序和行政管理目标的实现。

第二,协助行政主体履行职务的义务。在行政主体依法履行其职务过程中,如需行政相对人提供必要的协助,行政相对人负有配合的义务。该义务确保了行政活动的有效开展,避免因行政相对人消极、不合作行为而妨碍行政职权的实现。

第三,服从并履行行政主体具有法律效力决定的义务。当行政主体依法作出具有法律效力的决定时,行政相对人有义务接受并按照该决定采取相应的行动或行为。行政相对人应当积极配合,不得拒绝或延迟履行此类具有法律约束力的行政决定。这一义务保证了行政行为的权威性和公信力,体现了行政管理秩序的规范性和严肃性。

第四,接受并努力完成国家委托任务或计划指标的义务。在行政主体根据国家指令或计划要求,向行政相对人下达具体任务或指标时,行政相对人有义务认真接受并尽力完成。这项义务反映了行政相对人作为社会成员,在推动国家社会经济发展及公共事务管理中所承担的责任,确保国家政策和社会治理目标的顺利达成。

第三章 行政法主体

行政法作为规范国家行政权力运行、保障公民权益的重要法律体系，其主体结构的明晰至关重要。本章旨在系统而全面地剖析行政法主体的构成与功能，以期为读者构建一个清晰、深入的理解框架。通过“行政法主体概论”引领，深入探讨“行政机关与公务员”，揭示行政权力的执行者与责任承担者，“行政相对人”则着重于行政法律关系中另一重要角色，展现其在行政过程中的权利与义务。

第一节 行政法主体概论

行政主体是指享有国家行政权，能以自己的名义行使行政权，并能独立地承担因此产生的相应法律责任的组织。

一、行政主体的类型划分

（一）中央行政主体与地方行政主体

根据行政主体行使职权的地域范围差异，可以将行政主体划分为中央行政主体和地方行政主体两大类。

中央行政主体，是指那些行使行政职权的范围覆盖全国，且其职权具有全国性影响的机关或组织。这类主体包括但不限于国务院、国务院各部委、国务院直属机构，以及由国务院各部委管理的部门等。它们负责制定和执行全国性的政策、法规，并对全国范围内的行政事务进行管理和监督。

地方行政主体，是指那些行使职权的范围仅限于本行政区域的机关或组织。这类主体主要包括地方各级人民政府及其职能部门等。它们负责根据中央的政策、法规，结合本地区的实际情况，制定和执行地方性的政策、法规，并对本行政区域内的行政事务进行管理和监督。

（二）外部行政主体与内部行政主体

根据行政主体实施行政职权的范围，我们可以将行政主体划分为外部行政主体和内部行政主体两大类型。外部行政主体是指那些依法对本行政主体之外的行政相对人实施行政管理权的行政主体。相应地,内部行政主体则是指那些依法对本行政主体内部的组成机构、公务员或隶属于本行政主体的其他组织实施行政管理权的行政主体。

在实际行政管理活动中,某些行政主体可能同时具备内部与外部主体的双重身份。例如,人民政府不仅有权对辖区内的社会组织和个人实施管理,作为外部行政主体,同时它还有权对下属行政机构实施领导和监督,此时则表现为内部行政主体。

行政机关、行政机构或社会组织并非在所有情况下都能被归为内部行政主体或外部行政主体。它们只有在具备行政主体资格,并参与到某一具体的行政法律关系中时,才能被真正视为内部或外部行政主体。由于行政主体是代表国家行使行政管理职能,以管理公共事务为主要职责,因此,在大多数情况下,行政主体更多地表现为外部行政主体。

将行政主体划分为内部行政主体与外部行政主体,对于确保行政主体依法行使行政职权,以及保障行政相对人对行政主体行使职权的活动进行有效监督具有重要意义。根据行政法的基本原理,除了那些同时拥有内部行政主体和外部行政主体双重身份的行政主体之外,内部行政主体不得行使外部行政职权,外部行政主体也不得行使内部行政职权。因此,明确区分内部行政主体和外部行政主体,有助于不同的行政主体依法各行其权,同时也便于行政相对人分别对它们进行有效的监督。这样的划分有助于维护行政管理的秩序,保障行政效率和公正性。

(三)地域性行政主体与公务性行政主体

根据管辖对象的不同,行政主体可被划分为地域性行政主体与公务性行政主体两大类。

地域性行政主体,顾名思义,是以行政地域为基础的组织。其行使行政职权的范围及对象与行政主体所处的行政地域紧密相关。这类行政主体通常负责管辖其所在地域内的各类行政事务,如维护社会秩序、提供公共服务、管理公共资源等。在我国,地域性行政主体主要包括各级人民政府及其职能部门。它们根据宪法和法律的规定,在其管辖的地域范围内行使行政职权,为人民群众提供优质的公共服务。

公务性行政主体,是指依法从事一定公务活动,且不以地域为设立标准的行政主体。这类行政主体独立享有行政法上的权利与义务，其设立和职权行使均不以地域为基础，而是以特定的公务活动为依归。在我国，公务性行政主体的典型代表是海关。海关依法对进出境的货物、物品、运输工具等进行监管，确保国家关税政策的正确执行，维护国家的经济安全和主权利益。

地域性行政主体与公务性行政主体在数量上存在差异。在我国，地域性行政主体数量众多，遍布全国各地，承担着大量的行政事务管理工作，而公务性行政主体则相对较少，但其职权行使却具有高度的专业性和独立性，对于维护国家利益和公共利益具有重要意义。

（四）职权行政主体与授权行政主体

根据行政主体职权的性质与法律来源的差异，行政主体可被划分为职权行政主体与授权行政主体。

职权行政主体，是依据宪法和组织法的规定，在成立之初即具备行政职权并获得行政主体资格的组织。这类组织主要包括中央和地方各级人民政府及其职能部门。它们依据宪法和组织法的明确规定，自然而然地拥有了行使行政职权的权力和资格。

授权行政主体，是因宪法、组织法以外的法律法规的特别规定而获得行政职权，并取得行政主体资格的组织。这类组织通常并非行政机关，但因法律或法规的授权而承担了特定的行政管理职能。例如，某些行政性公司，如烟草公司、煤气公司等，除了其本身的经营功能外，还根据法律或法规的授权，承担了某方面的行政管理职能。

将行政主体划分为职权行政主体与授权行政主体，对于确保行政主体依法行政、防止越权行为具有重要意义。对于职权行政主体，我们可以通过核实产生职权的宪法、组织法的具体内容，来监督并保证其依法行政。而对于授权行政主体，则需要核实其是否具有授权依据以及具体的授权内容，从而监督并保证其依法行政。

此外，职权行政主体与授权行政主体的划分在行政诉讼中也具有实际意义。由于职权行政主体与授权行政主体的权力来源方式不同，法院在进行司法审查时，审查的侧重点也会有所不同。对于授权行政主体行政行为的合法性审查，法院应侧重于审查授权关系是否成立、是否在授权范围内行使职权等方面。这样的划分有助于法院更准确地判断行政行为的合法性，并作出公正的裁决。

(五)本行政主体与派出行政主体

根据行政主体之间是否存在派设关系,行政主体可以被划分为本行政主体和派出行政主体。当一个行政主体是由另一个行政主体派设时,这个被派设的行政主体被称为派出行政主体,而有权派设该行政主体的行政主体则被称为本行政主体。

派出行政主体主要包括两类:一类是相应的人民政府的派出机关,如行政公署(由省、自治区人民政府派设)、区公所(由县、自治县人民政府派设)和街道办事处(由市辖区人民政府和不设区的市人民政府派设)。尽管从性质上讲,派出机关并非一级人民政府,但它们在本辖区内行使行政事务的组织与管理权,能够以自己的名义作出行政行为,并对该行为的后果承担法律责任,因此具备行政主体资格。另一类派出行政主体是依照法律法规授权而设置的派出机构,例如公安派出所、工商所、税务所等。值得注意的是,派出机构要成为行政主体,需要满足一定的条件。

二、行政主体资格要件及其确认

(一)行政主体的资格要件

行政主体资格是指作为行政主体应当具备的条件。行政组织是行政权的承担者,但不是行政组织中所有的行政机关都具备行政主体资格。行政主体的资格要件,包括组织要件和法律要件两类。

1.组织要件

组织要件是指作为行政主体的组织自身应具备的基本条件。由于行政机关和法律法规授权组织的设立依据、目的和职能各不相同,因此它们的组织要件也有所差别。

对于行政机关而言,其组织要件通常包括:①行政机关的设立必须有明确的法律依据,且应纳入国务院行政组织序列;②行政机关的成立必须经过有权机关的批准;③行政机关的成立已被正式对外公告;④行政机关应具备法定的编制和人员配置;⑤行政机关应有独立的行政经费预算;⑥行政机关应具备必要的办公条件和设施。

对于法律法规授权组织而言,其作为行政主体应具备的组织要件包括:①该组织应具有法人资格,能够独立承担法律责任;②该组织通常应是不以营利为目的的事业单位、社会团体或群众组织。

2.法律要件

法律要件是指作为行政主体的组织在法律上应具备的条件。从目前的行政主体理论来看,行政主体的法律要件主要是必须具有法律法规的明确授权。这里的法律法规授权既包括宪法和行政组织法对中央和地方各级人民政府的授权,也包括法律法规对其他行政机关以及行政机关以外的组织的授权。没有法律法规的明确授权,任何组织和个人都无权对外行使行政职权,因此也不能成为行政主体。

(二)行政主体资格的确认

严格来说,一个组织是否具备行政主体资格,主要需从组织要件和法律要件两个方面进行综合判断。然而,鉴于我国目前的行政组织法体系尚不完善,对于行政主体所需具备的组织要件尚未作出明确规定,因此在实践中,往往更侧重于从法律要件的角度来确认行政主体资格。确认行政主体资格具有这些方面的重要意义:①有助于明确一个组织的法律地位;②有助于确定行政行为的法律效力;③有助于确定行政诉讼的被告主体。

在大多数情况下,行政主体是依法享有行政职权的行政机关,其行政主体资格的确认相对较为容易。但在某些特殊情况下,行政主体的确认则较为复杂,具体可按照以下方式进行:第一,行政授权中的行政主体。在实践中,行政授权的形式不够规范统一,既有法律法规的授权,也有规章的授权。根据行政主体理论,行政机关以外的组织在获得规章授权后,同样可以成为行政主体。第二,委托行政中的行政主体。行政委托是指一个行政主体因工作需要等原因,依法委托其他组织或个人以其名义进行行政管理活动,并由该行政主体对行为后果承担法律责任的制度。在行政委托关系中,委托方是行政主体,而受委托的组织或个人则作为行政主体的代理人参与管理活动,但其本身并不因委托而直接获得行政主体资格。第三,行政派出关系中的行政主体。我国的派出组织主要包括派出机关和派出机构两种类型。其中,派出机构本身是否具备行政主体资格,需根据具体情况来确定。只有当法律法规直接授权派出机构进行管理时,该派出组织才能获得行政主体资格;否则,其行为后果应由设立它的行政机关来承担。第四,非常设性机构的行政主体资格。非常设性机构,又称临时机构、议事协调机构,是行政机关为完成特定任务或协调各部门工作而临时设立的组织。原则上,非常设性机构是代表设立它的行政机关行使职权,并不具备独立的行政主体资格。但是,当法律法规明确授权非常设性机构进行行政管理时,该机构则被视为行政主体。

第二节 行政机关与公务员

一、行政机关

(一)行政机关的内涵释义

行政机关是国家行政机关的简称,是指依宪法或行政组织法的规定而设置的依法行使国家行政权、管理国家行政事务的国家机关,是权力机关的执行机关。行政机关的内涵,可从以下方面来解读:第一,行政机关是国家机关的重要组成部分,由国家设置并代表国家行使国家职能。这一特性使得行政机关与政党、社会组织及团体有着本质的区别。政党,尤其是执政党,在国家政治、经济生活中扮演着至关重要的角色,甚至在某些情况下具有决定性的影响。然而,政党并非国家机关,它们主要通过政策制定、政治领导等方式参与国家治理,而不直接行使国家行政职权。社会组织与团体,在特定情况下,可能会通过法律法规或规章的授权,行使一定的国家行政职权。第二,行政机关是行使国家行政职能的国家机关。这一点使它与立法机关、司法机关相区别。立法机关、司法机关虽然也都是国家机关,但立法机关行使的是国家立法职能,司法机关行使的是国家司法职能(国家审判职能和检察职能),而行政机关行使的是国家行政职能,即执行法律,管理国家内政、外交事务的职能。第三,行政机关是依据宪法或行政组织法的明确规定而设立的国家机关,其主要职责是行使国家行政职能。这一特性使得行政机关与法律法规授权的组织在性质上存在显著的差异。法律法规授权的组织并非依据宪法或行政组织法而设立,它们之所以能够行使一定的行政职权,完全是基于具体法律法规的明确授权。因此,行政机关是行政体系中的固定且基本的行政主体。它们在国家行政管理中扮演着举足轻重的角色,承担着维护社会秩序、保障人民权益、推动经济发展等重要职责。相比之下,法律法规授权的组织则显得相对灵活和特定。它们只在被授权行使某项职权时，才具备行政主体的法律地位。一旦相关法律法规的授权被撤销或变更，这些组织的行政主体地位也将随之消失。第四，行政机关是权力机关的执行机关。在实行权力分立的国家，行政机关与立法机关、司法机关相互独立、相互制衡。在我国，国家权力属于人民，全国人民代表大会是我国的最高权力机关，而行政机关从属于权力机关，是权力机关的执行机关，行使国家管理权，对国家权力机关负责并报告工作，行政机关实施行政行为，必须依照宪法和法律的规定进行。

（二）行政机关的类型划分

1.中央行政机关和地方行政机关

根据行政机关职能管辖的范围，行政机关被划分为中央行政机关和地方行政机关。中央行政机关是指其活动范围覆盖全国范围的行政机关，例如我国的国务院及其下属的各部委与各直属机构；地方行政机关则是指其活动范围仅限于特定行政地域的行政机关，如我国各级人民政府及其相应的职能部门。

2.一般权限的行政机关和部门权限的行政机关

根据行政机关所承担的工作权限的不同，可以将其划分为一般权限的行政机关和部门权限的行政机关。

一般权限的行政机关，是指那些负责对本行政区域范围内的行政事务进行宏观管理的国家机关。这类机关在行政体系中占据主导地位，其职责广泛而全面，涵盖了本行政区域内的各个行政领域和各种行政事务。具体而言，一般权限的行政机关主要包括各级人民政府，如国务院、省级人民政府、市级人民政府、县级人民政府以及乡镇级人民政府。它们负责统筹协调本行政区域内的经济社会发展，维护社会稳定，保障人民权益等。

部门权限的行政机关，是指那些根据宪法和法律的规定，专门负责对本行政区域范围内的某些特定、专门的行政事务进行管理的国家机关。这类机关通常是由各级人民政府所设置的职能机构，如国务院各部委、省级人民政府所设的厅（局）、市级人民政府所设的局（处、办）、县级人民政府所设的局（科）等。它们专注于特定行政领域的事务管理，如教育、卫生、交通、环保等，以确保相关政策的贯彻落实和行政目标的实现。

3.职能性行政机关和专业性行政机关

根据行政机关所管理的客体和内容的不同,我们可以将其划分为职能性行政机关和专业性行政机关两大类。

职能性行政机关的管辖范围广泛,其管理的客体和内容具有综合性、跨部门、跨行业的特点。这类行政机关通常负责处理涉及多个领域或行业的公共事务,如工商、税务、统计、环保、财政、人事、计划、审计以及监察等。它们在国家行政体系中扮演着至关重要的角色,确保各项政策、法规得到有效执行,维护社会秩序和公共利益。

专业性行政机关专注于特定领域或行业的公共事务管理。其管理的客体和内容具有专门性、部门性、行业性的特点。这类行政机关通常针对某一特定领域或行业设立,如电子、机械、石油、煤炭、农业、林业、矿产以及水电等。它们通过制定和实施专业性的政策、法规和标准,推动相关领域或行业的健康发展,提高国家在该领域的竞争力和影响力。

4.专门执法行政机关与普通管理行政机关

根据行政机关在行使职能过程中适用法律的情况及其与行政相对人之间关系的差异,可以将行政机关划分为专门执法行政机关与普通管理行政机关两大类。

专门执法行政机关,作为一类特殊的行政机关,其主要职责在于直接面对行政相对人,依据法律法规、规章等规范性文件,对行政相对人作出具体行政行为。这些具体行政行为包括但不限于行政许可、行政处罚、行政强制等。专门执法行政机关通常涉及多个领域,如公安、工商、税务、土地管理、环境保护、海关、卫生等。在这些领域中,专门执法行政机关扮演着至关重要的角色,确保法律法规得到有效执行,维护社会秩序和公共利益。

普通管理行政机关,通常不直接与行政相对人打交道。它们更多的是在行政体系内部,依据行政从属关系行使职权,而并非直接适用法律法规、规章对行政相对人作出具体行政行为。普通管理行政机关的职责范围广泛,涵盖了人事、财政、计划以及工业、农业、商业、交通、邮政等多个行政管理领域。它们通过制定政策、规划、指导等方式,对各个领域的发展进行宏观管理和调控。

5.外部管理行政机关和内部管理行政机关

根据行政机关管理对象的不同,可以将行政机关划分为外部管理行政机关和内部管理行政机关两大类。

外部管理行政机关,主要负责管理作为外部行政相对人的个人和组织。这类行政机关包括公安、工商、海关、民政等部门,它们的主要职责是维护社会秩序、保障公民权益、监管市场活动以及提供公共服务等。这些行政行为具有对外效力,即其决定和措施可以直接影响外部行政相对人的权利和义务。

内部管理行政机关,主要负责管理行政机关内部的机构人员。这类行政机关包括办公厅、机关事务局、编制委员会、研究室、档案局以及负责人事、财务、后勤等工作的机关。它们的主要职责是确保行政机关内部运作的顺畅、高效和合规。内部管理行政机关的行政行为主要具有对内效力,即其决定和措施主要影响行政机关内部的人员和机构,通常不会直接涉及外部行政相对人的权利和义务。

二、公务员

在我国,公务员是指依法履行公职、纳入国家行政编制、由国家财政负担工资福利的工作人员。成为公务员,必须具备三项要件:①公务员必须是依法履行公职的人员。依法履行公职是公务员的基础性要件,非履行公职以及无法定依据履行公职的人员不能称为公务员;②公务员是纳入国家行政编制的人员。仅以依法履行公职还不能对公务员作出明确的界定,因为有些从事公务活动的事业单位由于没有纳入国家行政编制序列,其工作人员同样不能被认定为公务员;③公务员是由国家财政负担工资福利的人员。公务员属于国家财政供养的人员,但并不是财政供养的人员都是公务员,公立学校的教师和科研院所的科研人员就不属于公务员。

(一)公务员双重身份的认定

公务员是具有双重身份的公民,其公职身份的获得并不导致其公民身份的丧失。因此,在社会法律关系中,公务员首先是公民,只有在其代表国家履行公务时才是公务员。当国家公务员代表行政机关,以所在行政机关的名义行使国家行政职权时,属于代表行政机关行使职务的公务行为,行为的法律结果应当归属于相应机关。

公务员以公民个人身份所实施的行为属于个人行为，法律责任应当由其个人承担。一般认为认定公务员公务行为应当把握这些标准：①行为是否以行政机关的名义作出；②公务员是否具有行政职权或其行为是否与行政职权相关；③行为时间是否为工作时间。上述标准并不是绝对的，实践中需要根据实际情况从多方面进行综合认定。

（二）公务员的涵盖范围及特征

我国公务员的范围主要包括在中国共产党机关、国家权力机关、国家行政机关、人民政协机关、国家审判机关、国家检察机关以及民主党派机关中任职的除工勤人员以外的工作人员。其中，国家行政机关的公务员是行政法研究的主要内容。以下对公务员制度的研究，如无特别说明一般仅限于行政机关的范围。

国家行政机关公务员指依法在中央和地方国家行政机关中任职、行使国家行政权、执行国家公务的工作人员。国家行政机关公务员具有如下特征：第一，国家行政机关公务员任职于国家行政机关，属于国家行政机关行政编制之内，包括任职于中央行政机关和地方行政机关。第二，国家行政机关公务员是在国家行政机关中行使国家行政权力、执行国家公务的人员。能否依法行使行政权、执行行政事务是公务员区别于其他人员的关键性标志，这就排除了行政机关内的工勤人员，如清洁工等。第三，国家行政机关公务员是经过法定的方式和程序任用的国家行政机关的工作人员。根据相关法律的规定，国家行政机关公务员的任用方式主要有选任、委任、考任和聘任等，而且每种任用方式都有其相应的法定程序。国家行政机关公务员身份的取得必须依照法定的方式，经过法定的程序，凡是非经法定方式和程序都不能自动获得公务员的身份和资格。

（三）公务员的职位分类

公务员的分类一方面按事和岗位进行纵向划分，另一方面按职务层次和级别进行横向划分。这样一纵一横，可以准确定位每个公务员的职责、任务、待遇等，为科学管理提供了制度保证。

1.按职位分类

（1）综合管理类。综合管理类主要是针对在综合管理和内部管理性的职位上履行职责的公务员而设立的职位。综合管理职位数量最多,主要从事人事决策、组织、指挥、规划、协调、监督、咨询和机关内部事务的管理工作。

(2)行政执法类。行政执法类主要是针对在行政执法类职位上履行职责的公务员设立的职位。行政执法类公务员的职位的设置能够更好地实现依法治国的方略和法治政府的目标,能够更好地适应社会管理与市场监管的需要,为建立决策、执行、监督的政府架构奠定基础。

(3)专业技术类。专业技术类主要是针对在专业技术类职位上履行职责的公务员设立的职位。设立专业技术类职务能够将各种专业技术人才吸引到公务员队伍中来,提高行政管理的专业水平,为具有并从事专业技术工作的公务员提供更加宽广的职业发展空间。

2.按职务分类

公务员职务分为领导职务和非领导职务。领导职务层次分为:国家级正职、国家级副职、省部级正职、省部级副职、厅局级正职、厅局级副职、县处级正职、县处级副职、乡科级正职、乡科级副级。非领导职务层次在厅局级以下设置。公务员的职务还要对应相应的级别。这样,公务员有了领导职务公务员和非领导职务公务员之分。此外,还有领导成员公务员和非领导成员公务员,选任制公务员、委任制公务员和聘任制公务员等划分。

第三节 行政相对人

一、行政相对人的概念和特征

(一)行政相对人的概念阐释

从本质上来讲,和行政主体相类似,行政相对人也是一种法律概念,它是指参与行政过程并且其利益受到行政行为影响的与行政主体相对应的另一方行政法律关系主体。[①]行政相对人是行政法律关系中与行政主体相对应的另一方当事人,即行政行为影响其权益的个人、组织。

首先,行政相对人是行政法律关系中与行政主体相对应的一方当事人。行政相对人是与行政主体相对的概念。与行政主体一样,行政相对人是行

①黄晓玉.论我国行政相对人的法律地位[J].法制与社会,2017(21).

政法学上的概念，在制定法中行政相对人一般是指“公民、法人和其他组织”。从该层意义上来说，行政相对人是因为一定的行政法律事实和行政行为而与行政主体之间产生行政法律关系的个人、组织。

其次，行政相对人是行政法律关系中权益受到行政主体行政行为影响的个人、组织。在特定行政法律关系中，只有权益受到行政主体相应行政行为影响的个人、组织才具有行政相对人的资格。无论权益受到行政行为直接或间接的影响，个人、组织都有可能成为行政相对人。

（二）行政相对人的特征分析

行政相对人是在外部行政法律关系中与行政主体相对应的当事人，与行政主体共同构成了行政法律关系的主体。在此关系中，行政相对人不仅指公民，还可以是法人或其他组织。这一特征明确了行政相对人在行政法律关系中的身份和地位，即作为与行政主体相对应的一方当事人存在。

行政相对人在外部行政管理中处于被管理一方的地位，不具有行政管理权。然而，这并不意味着行政相对人仅仅是行政法律关系中的义务人。虽然相对于行政主体而言，行政相对人处于被管理的一方，但被管理一方的当事人并不等同于义务人。在行政法律关系中，行政相对人既履行义务也享有权利。行政主体的权利义务与行政相对人的权利义务是相互依存、相辅相成的。在行政法律关系中，不存在只有义务而无权利的行政相对人，也不存在只有权利而无义务的行政相对人。这一特征强调了行政相对人在行政法律关系中的权利和义务的双重性。

行政相对人的身份是相对的，而非绝对的。相对人只是在具体的外部行政法律关系中表明其地位的相对主体，而非某种固定的、抽象的法律资格。例如，我们说某个公民是行政相对人，仅指他在某一具体行政法律关系中是相对人，而在其他情况下，他可能是民事关系的当事人。同样，说某一个行为机关是行政相对人，也是指它在某一个具体的行政法律关系中为相对人，而在另一个行政法律关系中，它可能扮演行政主体的角色。因此，行政相对人的身份并不是永恒且无条件的。这一特征揭示了行政相对人身份的相对性和动态性。

二、行政相对人涵盖的范围

依照法律法规的规定，公民、法人和其他组织，以及在特定情况下的外国人、无国籍人和外国组织，都能够成为行政相对人。

（一）公民

公民是指具有中华人民共和国国籍的人。公民是最主要、最经常、最广泛的行政相对人。行政主体实施行政管理的绝大多数领域，都将公民纳入行政管理的对象。因此，公民是行政法律关系中最常见的主体之一。

公民在行政法律关系中的地位，是通过其与行政主体之间的权利和义务的内容体现出来的。宪法和法律是规定公民享受权利和履行义务的根本和基本的法律规范依据，而行政法规和地方性法规则是公民享受权利和履行义务的主要法律规范依据。作为被管理者，公民在不同的行政管理领域，依据各自相应的法律法规规定，具有与各个行政机关相对应的权利和义务。甚至在治安、户籍、出入境等特定行政管理领域，只有公民才能成为行政相对人。

（二）法人

法人是与自然人相对称的一个法律概念，指依法独立享有民事权利和承担民事义务的组织。法人同样是行政法律关系中的主体，可以成为行政相对人。能够成为行政相对人的法人包括企业法人、事业法人、社团法人和机关法人。

企业法人、事业法人和社团法人是经常性和普遍性的行政相对人。其法律地位和身份使其在社会活动中要接受政府有关部门的管理，形成行政管理关系。机关法人则是指具备法人条件的国家机关。虽然国家机关由于职能及其职权职责性质的关系，一般不作为行政相对人，但在一定条件下，如审计、物价、土地、城建等行政管理领域，也能成为行政相对人。

（三）其他组织

其他组织是由主管机关批准成立或认可，能够从事一定生产经营或其他活动但不具备法人资格的经济组织或社会组织。随着经济的发展，许多国家都出现了介于公民个人和法人之间的组织形态，我国行政法律制度将其统称为“其他组织”。

在行政管理活动中，其他组织作为行政法律关系中的行政相对人，其类型主要有：经国家主管部门批准或认可的从事一定生产或经营活动的经济实体,如个人合伙组织、合伙联营组织、企业法人的分支机构等,以及经主管机关批准或认可的正处于筹备阶段的企业、事业单位和社会团体等。

(四)外国人、无国籍人和外国组织

在某些特殊情况下,依照我国法律规定享有行政法权利、承担行政法义务,并在参加行政诉讼时具有行政相对人同等诉讼权利与义务的外国人、无国籍人和外国组织,也可以成为我国的行政相对人。例如,《中华人民共和国出境入境管理法》是专门调整关于外国人进出我国国境行为的行政管理关系的法律。在这一法律关系中,外国人就成为我国国境管理机关的相对一方。此外,在治安管理、征收个人所得税等行政管理领域,外国人同样能成为行政相对人。

然而,在将外国人、无国籍人和外国组织作为我国的行政相对人,并赋予其行政相对人的权利和义务时,我们既要实行同等原则,也要依法实行对等原则。即如果我国公民在某国受到某方面的权利限制,则该国公民在我国也要受到相应的权利限制。这一原则确保了国际的公平与对等。

三、行政相对人的权利与义务

传统行政法中,行政法律关系的主要形态确实呈现为单一的“命令—服从”模式,政府在此模式下扮演着“守夜人”的角色。行政法主要是围绕行政机关与相对人之间的对立性构建的,无论大陆法系中强调行政权主导的理念,还是英美法系中注重限制行政权的理念,都从不同角度体现了这种对立性。为了维护公共利益和建立稳定的社会秩序,行政主体与相对人之间的直接管理关系便显得尤为重要。在这种直接的管理关系中,行政行为被视为行政机关作为主权者对公民作出的具有约束力的最终决定,从而形成了人们熟知的“行政机关权力—相对人义务”的关系形式。这种关系形式以命令与执行、决定与服从、强制与被强制为基本特征,呈现出一种不对等的、以行政主体为主导的行政法律关系形态。在此情境下,行政相对人往往处于从属、消极、被动的法律地位。

然而,在现代行政法中,行政相对人的法律地位已经发生了显著转变。他们不再仅仅是被动接受管理的对象,而是成为拥有独立、积极、主动法律地位的个体。甚至可以说,行政相对人行政主体依法行政的重要约束力量和合作力量。因此,在评判行政主体是否依法行政时,我们的关注点不应仅

限于行政主体自身是否守法，更应关注其是否依法对行政相对人进行了合理的行政管理。这一转变的核心在于行政相对人权利和义务的变化。他们现在不仅享有更多的权利，如知情权、参与权、监督权等，还承担着更为积极的义务，如配合行政主体进行行政管理，遵守相关法律法规等。这种转变使得行政法律关系更加平衡、和谐，有利于推动法治政府的建设和行政效率的提升。

传统行政法与现代行政法在行政法律关系形态上存在着显著的差异。现代行政法更加注重保护行政相对人的合法权益，推动行政主体与相对人之间的合作与互动，从而构建了一个更加公正、高效、和谐的行政法律关系体系。

(一)行政相对人享有的权利

行政相对人在行政法上所享有的权利，是宪法赋予公民的基本权利在行政管理领域中的具体体现和延伸。关于行政相对人的权利，我们赞同方世荣教授的界定，即行政相对人的权利是由行政法所规定或确认的，在行政法律关系中由行政相对方享有，并与行政主体的义务相对应的各种权利。这些权利是行政法所设定或确认的，允许相对人在行政程序中予以行使，且可以由相对人根据具体情况自由行使或放弃，这与行政权力具有显著的区别。同时，相对人的权利与行政主体的义务是相辅相成的，相对人权利的享有即构成行政主体相应义务的承担。

根据我国相关的行政法律规范，行政相对人在行政法上大致享有以下权利：第一，行政参与权。行政相对人享有通过合法途径参与国家行政管理活动以及行政程序的权利。这包括：①参加国家行政管理的权利，例如公民通过国家公务员考试程序成为国家公务员，参与国家行政管理；②参与行政程序的权利，如我国《中华人民共和国行政处罚法》所规定的听证制度，便是相对人参与行政程序的重要体现；③了解行政信息的权利，相对人有权知晓与自身相关的行政信息，除非法律法规另有规定。第二，行政协助权。行政相对人负有主动协助国家行政管理的义务，同时也享有相应的权利。这包括：①报告权，即发现需要行政主体处理的事件时，相对人有权向行政主体报告；②制止权，相对人对违反行政法律规范的行为有权予以制止；③扭送权，相对人有权将正在实施行政违法行为或实施完毕企图逃跑的行为人依法扭送至有关国家机关。第三，行政保护权。行政相对人的人身和财产享有获得国家行政合法、正当、平等保护的权利。当相对人的人身权和财产权受到不法侵害时，被侵害人有权要求有关行政机关提供行政保护。第四，行政受益权。行政相对人有权依据法律从行政主体处获得某种利益，这些利益可以包括财产利益、人身利益等。例如，相对人可以依法申请抚恤金、补助金、救济金等社会优待，以及申请颁发许可证、营业执照等行政许可证件，或进行专利申报、商标注册、结婚登记、户口登记、姓名或名称变更登记等。第五，隐私保护权。行政主体在行政活动中，非经法定程序，不得公开相对人的隐私。相对人享有对自己的隐私进行保密的权利，行政主体则负有为相对人隐私保密的义务。第六，行政监督权。行政相对人对国家行政工作享有监督的权利。公民、法人和其他组织有权对行政工作提出建议和批评，对不法工作人员进行控告和揭发，对具体行政行为申请复议或提起行政诉讼。第七，抵制违法行政行为的权利。行政相对人对行政主体实施的明显违法的行政行为有权依法予以抵制。第八，申请救济权利。行政相对人认为行政主体和行政公务人员行使职权或实施职务行为违法侵犯其合法权益的，有请求保护和救济的权利。若对行政主体作出的具体行政行为不服，相对人可以通过行政复议、提起行政诉讼、要求行政赔偿等途径寻求解决。即使行政主体的行政行为合法，但若导致相对人合法权益受损，相对人也有权依法获得相应补偿。

（二）行政相对人应履行的义务

第一，遵守行政法律秩序的义务。行政法通过调整社会关系，形成了诸如交通秩序、教学秩序等行政法律秩序。行政相对人有义务遵守这些秩序，以确保行政法律关系的稳定和有序。若违反这些秩序，行政相对人将可能受到行政主体的处罚。

第二，服从行政命令的义务。行政主体的管理意志通常通过各种行政命令来体现。行政相对人有义务服从这些命令，以维护行政管理的权威性和有效性。当遇到行政命令可能存在不当或不合法的情况时，相对人应通过法律程序来寻求改变或撤销，但在此之前，不能抗拒执行。

第三，协助行政管理的义务。对于行政相对人而言，协助行政管理既是一项权利，也是一项重要的义务。由于行政主体从事的国家行政管理活动事关社会公共利益和国家安全，因此，相对人有义务配合行政主体及行政公务人员的行为，提供必要的协助和支持。

第四，遵循法定程序要求的义务。在请求行政主体作出特定行为(如申请办理营业执照、申请行政复议等)或行政主体要求相对人作出特定行为(如纳税、征用财产等)时，行政相对人有义务遵循法律法规规定的程序、手续和时限等要求。这是确保行政行为合法性和公正性的重要保障。若违反这些程序要求，行政相对人将可能承担相应的法律责任。

第五，接受行政监督的义务。在行政管理活动中，行政相对人有义务向行政主体提供有关材料、报表、账册等必要信息，并接受行政主体依法实施的检查、审查、检验、鉴定、登记、统计、审计等监督活动。这是确保行政管理活动合法合规、维护公共利益的重要手段。

第四章 行政行为概述

行政行为是指行政主体依法履行职能过程中作出的具有法律效力和外部约束力的具体行为，旨在实现公共管理目标、维护社会秩序并保障公共利益。本章主要论述行政行为的特征与内容、行政行为的成立与生效、行政行为的变更与消灭。

第一节 行政行为的特征与内容

一、行政行为的特征

（一）强制性

行政行为的行为强制性是其法律属性的重要组成部分，体现了行政主体在执行法定职责时的权威性。行政行为的强制性源于其法定性和必要性，行政主体在行使职权时，必须依据法律法规，遵循法定程序作出相应决策，这种基于法律的强制性确保了行政行为的正当性，使其不受个人意志的影响，从而维护了行政权力的规范性和稳定性。

行政行为的强制性在于其对行政相对人的约束力，行政主体通过合法的行政行为对社会事务进行管理，旨在维护公共利益和社会秩序，在这一过程中，行政相对人应当履行相应义务，而不履行义务的行为会受到法律的制裁。行政主体可以依据法律规定采取必要的强制措施，以确保其决策得以实施，维护法律的权威和公信力。行政强制措施具有手段性、附随性和保障性，与行政管理或行政调查密不可分，不具有法律价值的独立性。[①]

行政行为的强制性体现在其实施过程中对社会秩序的维护和对公民权益的保护。行政主体在行使权力时，除了追求行政效率外，还应当关注合法性与公正性。强制性的行政行为在维护公共利益的同时，也需要兼顾个体权益，避免对公民自由的过度干预。这种平衡不仅是行政法治的重要原则，

---

①贾建平.行政强制行为之非独立性思考[J].四川警察学院学报，2013(05).

也是实现社会和谐的重要保障。

(二)执行性

行政行为的行为执行性体现了行政主体在法律框架内对法律规范的落实和具体实施。行政行为的执行性反映了行政主体作为法律实施者的角色。依据宪法和相关法律规定,行政机关不仅负责实施国家的法律,还承担着维护社会秩序和公共利益的重要使命,在这一过程中,行政行为的执行性确保了法律条文在现实生活中的实际效果,促进了法律与社会的紧密结合。

行政主体在实施行政行为时,需遵循法定程序,以确保其行为的合法性与正当性。通过遵循相应的程序,行政主体不仅能够确保其行为的透明性,还能够增强行政行为的公信力和接受度。这种程序性保障了行政行为的执行效果,使行政主体能够有效应对社会变化和公共需求,提升行政效率。为确保行政行为的有效性,行政主体需建立完善的监督体系,对执行结果进行定期评估,这样的机制不仅能够及时发现并纠正执行过程中的偏差,还能为行政行为的优化提供依据,从而进一步提升行政效能和服务质量。

(三)单方性

行政行为的单方性是其本质属性的重要体现,强调了行政主体在法律授权范围内独立作出决策的权力,根据现行法律制度,行政主体在执行其职责时,享有不依赖于行政相对人同意或协商的权利,这一特征清晰地区分了行政行为与民事行为,后者通常建立在双方自愿和协商的基础上。行政行为的单方性确保了行政主体能够高效、及时地回应社会管理需要,提升了行政决策的灵活性和适应性。

行政行为的单方性不仅体现在行政主体主动行使职权的情况下,例如进行行政执法、实施处罚等行为,也体现在行政主体在响应行政相对人申请时的决策权。尽管后者的行政行为是基于申请产生的,但最终是否满足申请并不取决于申请本身,而是由行政主体根据法律法规规定的标准和条件自主判断。这一过程强调了行政主体在行使权力时的独立性与权威性,体现了行政管理的公正性与规范性。

行政行为的单方性在于其在行政合同中的特殊表现,虽然行政合同需要双方同意形成,但其主体资格及内容依然受到行政法规范和行政主体意志的制约,体现了行政主体在合同实施中的主导地位。因此,行政行为的单方性不仅是其实施效率的体现，也是行政主体依法行使权力、维护社会公共利益的重要保障。

二、行政行为的内容

行政行为的内容涵盖了行政行为对行政相对人权利与义务的具体影响，具体而言，行政行为的内容包括行政主体所表达的意思和所追求的目标，这一内容不仅体现在对权利与义务的具体处理与决策上，还反映了行政主体对特定法律关系的理解与适用。由于每项行政行为均针对特定对象并旨在实现特定目的，其内容的多样性和复杂性直接影响着相应的法律效果。因此，深入研究行政行为的内容对于理解其法律效力及其在行政管理中的应用具有重要意义，这一分析有助于确保行政行为的合法性、公正性及透明性，从而为建立健全的法治环境和推动行政效率的提升奠定基础。

（一）确认法律事实或者法律地位

1.确认法律事实

确认法律事实的过程，涉及行政主体对影响特定行政法律关系的事实进行依法的判定，这一过程不仅是法律关系形成的基础，也是法律责任厘定的重要环节。通过对法律事实的确认，行政主体能够为后续的法律判断提供明确依据，从而维护法律的稳定性与公正性。有效的法律事实确认，有助于减少法律关系中的不确定性，提高行政决策的科学性和合理性。在确认法律事实的过程中，行政主体必须依托充分的证据和客观的事实基础，以确保确认结论的准确性和合法性，这一过程不仅要求行政主体具备必要的专业知识与技能，还需遵循法定程序，保障各方的合法权益。通过对法律事实的审查与确认，行政主体能够有效地引导社会行为，促进法律的顺利实施。此外，确认法律事实还在于对社会矛盾的合理解决，避免因事实不清导致的法律争议，为社会的和谐与稳定提供保障。

2.确认法律地位

确认法律地位是行政主体对行政相对人在某种法律关系中所处地位的认定，包括其享有的权利与承担的义务，通过对法律地位的确认，行政主体不仅可以明确行政相对人的法律身份，还能够界定其在特定法律关系中的权利范围和义务内容，这种确认对于维护社会的法律秩序至关重要，有助于确保法律关系的清晰与明确，进而推动社会资源的合理配置与高效利用。

在确认法律地位的过程中,行政主体需遵循严格的法律程序,确保其认定的合法性与公正性。合理的法律地位确认,能够有效提升行政相对人对法律的信任感与认同感,增强其履行法律义务的自觉性,这不仅对个体的权利保障具有重要意义,也对整个社会法治环境的改善产生积极影响。通过明确法律地位,行政主体能够有效减少法律纠纷,提高社会的整体治理效率。

(二)设定义务和免除义务

1.设定义务

设定义务指的是行政主体基于法律法规的要求,通过行政行为向行政相对人施加的行为规范,这一机制不仅体现了行政主体的监管职能,更是确保社会公共秩序和安全的重要手段。通过设定义务,行政主体能够有效地引导行政相对人的行为,促进其履行法律规定的责任,进而维护社会的整体利益与稳定。在设定义务的过程中,行政主体需依据法律规定明确义务的内容与范围,确保其设定的义务合理且可行,这不仅需要对相关法律法规的全面理解与应用,也要求行政主体在设定义务时充分考虑到实际情况与相对人的能力,使其能够在法律框架内顺利履行义务。设定义务的实施过程,反映了行政主体在维护公共利益方面的积极作用,也突出了法治原则在社会治理中的重要性。

2.免除义务

免除义务是行政主体在特定情境下,因外部环境变化或特殊情况的出现,而对行政相对人原有义务的解除。免除义务的制度安排,体现了行政法对灵活性与人性化的关注,尤其是在面对不可抗力因素或突发事件时,这种机制使得行政管理能够适应不断变化的社会实际,为行政相对人提供必要的支持与救助。在实施免除义务时,行政主体需要遵循法定程序,确保决定的合理性与合法性,免除义务的适用应基于客观事实和合理判断,避免因随意性导致的权利损害,这一过程不仅反映了法律的公正性,也彰显了行政主体在保障社会稳定与公平正义方面的责任。通过及时、合理地免除义务,行政主体能够有效减轻社会成员在特殊情况下所面临的负担,促进社会的恢复与发展。

（三）赋予权利和剥夺权利

1.赋予权利

赋予权利涉及行政主体基于法律授权，主动为行政相对人提供一定的法律权益，这种行为体现了行政管理的积极性与支持性。通过赋予权利，行政主体不仅能够促进社会资源的合理配置，还能有效提升行政相对人的合法权益，从而增强其在社会经济活动中的参与度与积极性。在赋予权利的过程中，行政主体必须遵循法定程序，确保权利的授予具备合理性与合法性，这一过程不仅需要全面考量申请者的资格与条件，还应充分尊重法律规定，以确保赋予权利的透明性与公正性。赋予权利的实践也反映了社会对公民权利的尊重与保障，展现了法治社会的进步。

2.剥夺权利

剥夺权利主要发生在行政相对人违反相关法律法规的情境下。剥夺权利的行为，通常是在行政主体依据法律规定，针对行政相对人的不当行为或违法行为采取的惩罚措施，此类剥夺行为不仅体现了法律的威严与公正，还反映了对社会公共利益的保护。剥夺权利的实施需更加谨慎与严谨。由于剥夺权利往往涉及行政相对人已享有的合法权益，其后果可能对其生活与经营造成重大影响，因此，行政主体在行使这一权利时，必须充分依据法律规定，确保程序的公正性与合法性。剥夺权利的决定应基于客观事实，并经过必要的听证与申辩程序，以维护行政相对人的基本权利，防止权力的滥用。

第二节 行政行为的成立与生效

一、行政行为的成立

行政行为的成立，标志着行政活动正式踏入实体运作阶段，是行政行为法律效力产生的逻辑起点与先决条件，它意味着行政主体已明确其行使职权的意图，并将此意图以一定形式向行政相对人明确表达，从而形成一种确定的、可识别的行政行为状态。行政行为的成立是行政行为合法性评价的基础，是实体法约束的问题，行政行为成立后该行政行为是否合法，是从诉讼程序方面对其所做的价值取向判断，研究行政行为成立与合法性要件的价值取向有利于规范各种行政行为，有利于推进行政机关依法行政①。行政行为的成立包含有意思、表示、主体、行为要件。

（一）意思要件

意思要件蕴含着行政主体行使职权的明确意图与既定目标，是行政法律关系产生、变更或消灭的先决条件。在行政行为的酝酿与形成过程中，行政主体必须先确立其凭借国家行政权力所欲达成的具体法律效果，这一意图的明确与坚定，构成了行政行为成立的主观前提。换言之，行政主体需具备一种明确的、旨在通过行政行为实现特定法律目的的意志表示。

意思要件的形成必须严格遵循法定程序与规范，这既体现了行政法治原则的要求，也保障了行政行为的合法性与正当性。例如，在重大行政决策中，行政首长的个人决定或集体会议的审议通过，都是行政主体意思确定的重要环节，这些程序不仅确保了行政意志的民主性与科学性，也通过形式上的规范，强化了行政行为的权威性与可执行性。

意思要件的确定意味着行政主体需对行政行为的内容、范围、条件等关键要素进行明确界定，以确保行政行为的具体性与可操作性，这一过程不仅要求行政主体具备深厚的法律素养与专业知识，也需其充分考量行政相对人的权益保护与社会公共利益的平衡，从而在意思要件的构建中，实现行政效率与公平正义的双重价值追求。

（二）表示要件

表示要件是行政主体将其内在意志外化为可感知、可理解的具体行为形式的必要过程。行政行为若要产生预期的法律效果，就必须通过适当的方式向行政相对人明确表达，确保相对人能够知晓并理解行政主体的意思表示。行政行为的表示形式多种多样，既可以是书面的行政决定、命令或通知，也可以是口头的告知、说明或解释，甚至还可以通过电子方式如官方网站公告、电子邮件等进行传达。无论采取何种形式，其核心在于确保行政相对人能够及时、准确地接收到行政行为的信息，从而为其行使权利、履行义务提供明确指引。

---

①黄南铨.论行政行为成立与合法要件价值取向研究[J].中国集体经济，2019(01).

(三)主体要件

主体要件的核心在于确保行政行为的作出者具备合法的身份与权限。在行政法视野下,行政行为的主体必须是依法设立并享有法定行政职权的行政机关,或是基于法律法规明确授权而具备行政管理职能的组织。行政主体作为行政行为的发起者与执行者,其身份与权限的合法性,直接决定了行政行为的法律效力与执行力。因此,严格界定行政主体的范围与职责,确保其行为不超越法定权限,是维护行政秩序、保障相对人权益、促进法治政府建设的关键所在。

(四)行为要件

行为要件是行政主体意思表示的外化表现与实现路径,在行政主体形成明确的行政意志后,必须通过具体的、可感知的外部行为,将这一意志转化为现实存在的行政行为。行政行为不仅要有内在的意思表示,更需通过客观的行为形式,如发布命令、作出决定、实施许可等,向行政相对人及社会公众展示其法律效力与执行力。行为要件的满足,确保了行政行为不仅仅停留在思想或口头的层面,而是转化为具有实际影响力的法律行为,从而能够产生、变更或消灭特定的行政法律关系。因此,行为要件的规范与完善,对于提升行政行为的合法性与有效性,具有不可替代的重要意义。

二、行政行为的生效

行政行为的生效是指行政行为发生形式效力的过程,即行政行为被推定为合法有效,对行政主体和行政相对人都产生一定的法律效力。行政行为的生效一般以相对人知晓行政行为的成立为前提。具体而言,行政行为从成立到生效,一般存在以下情形:

(一)告知生效

告知生效的核心在于确保行政行为的透明度与合法性,通过明确的告知程序,赋予相对人必要的知情权,在此机制下,行政主体承担着将行政行为的具体内容,以正式而公开的方式——诸如官方公告、直接通知或其他法定宣告形式——传达给相对人的责任。告知生效的制度设计,促进了行政活动的公开透明,增强了行政决策的可接受性,同时也为相对人提供了及时反应与合法救济的途径。

(二)即时生效

即时生效的本质特征在于行政决定的作出与法律效力产生的即时同步性,无需等待额外的确认或通知程序,此机制下,行政行为的权威性与执行力得以迅速体现,对于应对紧急情况、处理突发危机具有不可替代的高效价值。然而,即时生效也可能因绕过相对人的即时知悉环节,而潜在地削弱了对相对人合法权益的即时保障,故而,其适用范围被严格限定,通常仅限于那些迫切需要立即执行且迟延可能带来重大公共利益损失的行政决策之中。

(三)附款生效

附款生效作为行政行为效力调控的一种精细化手段,通过附加特定的时间、条件或义务等要素于行政决定之中,为行政行为的生效设定了前置性的门槛,这一机制不仅增强了行政管理的灵活性与适应性,还巧妙地在权力行使与公民权益保护之间构建了动态平衡。附款生效的运用,使得行政行为能够在更加精准的时间节点或满足特定情境下启动其法律效力,从而有效避免了权力滥用的风险,同时也为相对人提供了合理的预期与准备空间。此外,它还鼓励相对人积极履行相关义务,以促进公共利益的实现,体现了现代行政法治中公平、正义与效率并重的理念。

(四)受领生效

受领生效作为行政行为效力发生的特定模式,凸显了行政过程中相对人参与度的重要性,在此模式下,行政行为的法律效力并非单纯依赖于行政主体的单方面意志表达,而是需待相对人实际接收并理解该行为的具体内容后方得实现。受领并不等同于相对人的认可或同意,即便相对人持有异议,也不影响行政行为在受领后的法律效力。受领生效机制通过保障相对人的知情权,为后续的行政合作或权利救济奠定了坚实的基础,促进了行政法律关系的和谐与稳定。

第三节 行政行为的变更与消灭

一、行政行为的变更

(一)行政行为变更的内涵解读

在行政法理论与实践的框架内,行政行为的变更被严格界定为对原有行政行为特定内容的修改，旨在适应法律法规的更新、客观情势的变化或是公共利益的新需求，而不触及行政行为整体框架的颠覆。相较于行政行为的撤销与废止，变更以一种更为温和且高效的方式，实现了行政管理的与时俱进，减少了因行政行为频繁变动可能引发的社会不稳定因素。

为了确保行政行为的变更既能满足现实需要，又不破坏法律秩序的稳定性，法律对行政行为的变更设定了严格的条件与程序。一方面，行政机关需遵循法定权限与程序，确保变更行为的合法性；另一方面，变更必须基于正当理由，如法律法规的变动、客观事实的重大变化，或是出于公共利益的考量，这些均构成了行政行为变更的合法性基础。

行政行为的变更并非毫无限制，它要求行政机关在行使变更权时，必须充分考量相对人的合法权益，避免因变更行为给相对人造成不必要的损失。对于因合法变更而给相对人带来的财产损害，行政机关负有依法给予补偿的责任，这是公平正义原则在行政行为变更中的具体体现，也是构建和谐社会、增强政府公信力的必然要求。

（二）行政行为变更的主体

1.司法机关变更

司法机关，作为公正裁判的守护者，其角色在于对行政行为的合法性进行审查，而非无限制地介入行政管理的专业领域，这一原则不仅体现了对行政权专业性与效率性的尊重，也是权力制衡理念的具体实践。在行政诉讼的语境中，司法机关对行政行为的审查并非毫无边界，而是遵循着既定的法律框架与原则。尤其当涉及行政机关的首次判断权时，司法机关更倾向于保持克制，仅在行政行为明显违法或超越权限时方予干预，以避免对行政自主性的不当侵蚀，此原则确保了行政决定的初步权威性与连续性，同时也为司法机关留下了必要的审查空间，以维护法律的正确实施与公民的合法权益。

2.行政机关变更

（1）专门行政监督机关。专门行政监督机关作为独立的第三方力量，不仅承载着监督行政机关依法行政的使命，还肩负着确保行政行为合法性与适当性的重任，这些机关，诸如行政监察机关与行政复议机关，通过行使法定的监督职权，对行政机关作出的各类行政行为进行全面而深入的审查。

一旦发现行政行为存在主要事实不清、证据缺失、适用法律错误、程序违法、超越职权范围、滥用权力或明显不当等情形，这些专门监督机关即有权依据法定程序，对问题行政行为予以变更，从而及时纠正行为偏差，维护行政秩序的公正与效率。

(2)作出行政行为的原行政机关。一旦行政行为依法成立，该机关即被赋予了服从并执行该行为内容的法律义务，此义务非因法定事由及程序，不得擅自撼动或更改，体现了法治国家对行政行为确定力与执行力的严格要求。法律的严谨性并不排斥其灵活性。在遵循法定原则的基础上，法律亦预留了必要的空间以适应复杂多变的行政管理需求。特定情况下，原行政机关被授权可对已作出的行政行为进行变更，这一机制的设计旨在平衡行政效率与公共利益之间的微妙关系。

(3)作出行政行为的行政机关的上级行政机关。在行政体系的层级架构中，上级行政机关作为监督与指导的主体，对下级行政机关的行政行为拥有法定的监督权限，这一制度设计旨在确保行政体系的统一性与协调性。上级行政机关不仅能够通过审查下级机关的行政行为，确保其符合法律法规的规范要求，而且在必要时，有权对下级机关作出的不当或错误行政行为进行变更，以维护行政决定的合法性与合理性。

(三)行政行为变更的情形

1.违法行政行为的变更

当行政行为被认定为违法，无论是由原行政机关自我察觉，还是经由其他有权机关的审查发现，均需依据法定程序启动变更流程。《中华人民共和国行政复议法》规定，对于存在主要事实不清、证据不足、适用依据错误、违反法定程序、超越或滥用职权等情形的行政行为，行政复议机关被赋予了变更的权力。这一规定不仅彰显了行政复议作为行政层级监督的重要功能，也体现了法律对行政效率与公民权益的双重关注。

在行政诉讼的特定场景下，原行政机关对违法行政行为的变更并非毫无约束。行政诉讼的司法审查性质要求行政机关在诉讼过程中改变原行政行为时，必须遵循更为严格的规则与程序，以防止随意变更可能带来的法律秩序混乱与公民权益损害，这种限制既是对司法机关独立裁判权的尊重，也是对行政法治原则的坚守，确保了行政变更行为的合法性与合理性，从而维护了行政法律体系的稳定与权威。

2.合法行政行为的变更

当行政行为所依据的法律法规、规章发生变动时，依法行政原则要求行政行为的内容必须随之调整，以保持与法律体系的内在一致性，这一变更机制不仅体现了法律对时代进步的响应，也彰显了行政法治的动态平衡特征。即便行政行为在作出时完全合法，但随着法律基础的更迭，其合法性的根基可能动摇，因此，法律赋予有权机关以变更的权力，确保行政行为与法律的最新要求相契合。

行政行为内容的公正性是其合法性的重要维度。即便在形式上未违反法律明文规定，但若内容显失公正，违背了法律的精神与目的，亦需通过变更机制予以纠正。这不仅是法律公平正义价值的追求，也是对行政裁量合理性的监督。合法行政行为的变更并非随意而为，而是严格限定在法律法规、规章明确规定的情形之内，这一原则确保了行政变更的合法性与正当性，防止了行政权力的滥用，维护了行政法律体系的稳定与权威。

二、行政行为的消灭

行政行为一旦生效，便具备持续的法律约束力，直至其设定的权利义务因事项完成或法律事实出现而自然终结。然而，在特定法定情形下，行政行为的效力亦可能因特殊事由的介入而被终止。

（一）自然消灭

1.内容已实现

在常规情境下，行政主体作出行政行为后，若相对人在法定期限内主动且完全地履行了行政行为所规定的义务，无论该义务是作为还是不作为，均标志着行政行为所追求的内容与目标已圆满达成。此时，行政行为因目的的实现而自然归于消灭，此即为行政行为消灭最为常见且基础的形式，体现了行政效率与法治精神的和谐统一。

2.所附期限届满或解除条件实现

在行政行为的附款制度中，期限与条件的设定对于行政行为的效力具有决定性影响。对于附期限的行政行为，其法律效力被明确限定于一定的时间范围内，如行政许可所设定的有效期，一旦期限届满，该行为的法律效力即告终止，除非依据法定程序获得延期，否则其约束力自然消解。

附解除条件的行政行为以其条件成就为法律效力终止的标志，在此类行政行为中，条件的设定旨在应对未来可能出现的不确定性，一旦预设的解除条件实现，行政行为的法律效力随即消灭，无需额外程序介入，这种机制增强了行政行为的灵活性与适应性，使其能够更好地回应社会变迁与实际情况的变化，从而在维护公共利益的同时，也确保了行政法治的严谨性与公正性。

（二）撤回

行政行为的撤回又被称为“废止”，是指行政行为作出之后，行政主体根据事后情况的变化，面向未来解除成立时并无瑕疵的行政行为的行为。

1.行政行为撤回的效果

行政行为撤回的法律效果，体现在其自撤回之日起即丧失对相对人的法律约束力，而此前的法律效力则不受影响，保持其既有的法律状态，这一原则确保了行政行为的稳定性与可预测性，即便后续被撤回，其在存续期间的法律效力依然得到尊重。对于相对人而言，因行政行为而获得的合法利益，在撤回前已确定的，不应因撤回行为而被追溯性剥夺，体现了法律对公民权益的保护与尊重。

若相对人的合法利益因行政行为的撤回遭受损害，行政主体需承担补偿责任，以弥补相对人因此遭受的损失，这一补偿机制不仅是对相对人权益受损的救济，也是行政法治原则下，行政主体对其行为负责、对公民权益负责的体现。通过这样的制度安排，行政行为撤回制度在维护行政灵活性与适应性的同时，也确保了公民权益的充分保障，促进了行政与公民之间的和谐关系。

2.行政行为撤回的适用情形

行政行为，作为行政主体依据法律法规、规章对特定事项作出的处理决定，一旦作出即具有确定力和执行力，原则上不得随意撤回，以保障行政法律关系的稳定性和法律秩序的一致性。然而，面对复杂多变的行政环境与法律环境，法律亦非绝对僵化，而是在特定情形下允许行政主体撤回已作出的行政行为，以适应实际情况的变化，确保行政活动的合法性与合理性。

（1）当行政行为所依据的法律法规、规章发生变动，特别是被修改或废止时，原行政行为的合法性基础可能随之丧失，在此情况下，法律通常会授权有权机关依法撤回该行政行为，以确保行政行为与法律体系的最新要求保持一致，维护法治的统一性与权威性。

（2）行政行为所依赖的客观情况并非一成不变，若这些情况发生重大变化，以至于继续维持原行政行为将不利于公共利益或无法实现行政目的时，有权机关可依法撤回行政行为，以灵活应对现实挑战，保障公共利益的实现。

（3）法律规定了其他法定情形，作为撤回行政行为的依据，这些情形可能包括但不限于行政行为所确定的权利义务已经实现、行政行为的目的已经达成等，此时撤回行政行为不仅符合法律精神，也是行政效率与资源合理利用的体现。通过这些法定情形的设定，法律在确保行政行为稳定性的同时，也赋予了行政主体必要的灵活性，以更好地服务于公共利益和行政管理目标。

（三）撤销或宣告无效

1.可撤销行政行为

可撤销行政行为涉及行政行为因存在各类瑕疵而可能被有权机关依法撤销的情形，此类瑕疵可能潜藏于行政行为的主体资质、内容合法性、形式规范性或程序正当性之中。法律框架内，如《中华人民共和国行政诉讼法》规定，对于证据缺失、法规适用错误、程序违规、职权超越或滥用等情形，司法机关有权裁决撤销或部分撤销相关行政行为，此举体现了司法审查对行政合法性与合理性的严格把关。《中华人民共和国行政复议法》赋予了行政复议机关更为宽泛的撤销权限，不仅涵盖违法行政行为，还延伸至不适当行政行为的撤销，确保行政行为在实体与程序上均符合法治原则，这种制度设计，不仅促进了行政机关自我纠错能力的提升，也强化了行政相对人的权益保护。

2.无效行政行为

无效行政行为指的是那些因从根本上缺失法定实质要件而自始、全然不具法律约束力的行政行为，此类行为的无效性，源于其对法律所规定的基本构成要素的彻底违背，诸如行为主体根本不具备法定资格，这种缺陷远非一般性的权限超越所能比拟，其违法程度显著到足以被任何具有正常理智的普通人所识别并断定。同样，若行政行为在事实基础或法律依据上完全空白，亦构成其无效的充分理由。

一旦行政行为被界定为无效，其法律后果是彻底且回溯性的无效力状态。这意味着，无效并非自某机关宣告之时起算，而是自该行为作出之初即不存在任何法律效力。由此，行政相对人不仅有权拒绝履行由此行为所派生的任何义务，还能不受时间约束地请求有权机关确认其无效。同时，有权机关在确认并宣告此类行为无效时，亦不受常规起诉期限等程序性限制，从而确保了行政法律的严肃性与公正性。

第五章 行政立法

在现代国家治理体系中，行政立法作为连接行政权与立法权的重要桥梁，扮演着至关重要的角色，它不仅为行政机关提供行使管理职能的法律依据，还确保行政行为的规范性和合法性。本章从行政立法的多个维度出发，阐述行政立法的定义和分类、主体与权限、原则与程序、适用与备案及行政立法的改变与撤销等内容，以期为我国行政立法的进一步完善提供有益的参考和借鉴。

第一节 行政立法的内涵与分类

一、行政立法的内涵

行政立法是指特定的行政机关依照法定权限和法定程序，制定行政法规、规章的活动。行政立法的概念通常在两种意义上使用，即在动态意义上，是一种抽象行政行为；在静态意义上，则是指其表现形式——行政法规和规章。行政立法具有行政和立法的双重属性和特征。

第一，行政立法的主体与权力机关的立法主体区别。行政立法的主体是特定的行政机关，而权力机关立法的主体是人民代表大会及其常务委员会。行政机关作为权力机关的执行机关，虽然都有实施行政行为的权力，但并不是都有行政立法权，只有宪法、法律特别规定和授权的行政机关，才能行使行政立法权。

第二，行政立法具有规范性、普遍性和强制性。①规范性意味着行政立法以规范性文件的形式表现出来，并且对行政相对人的行为起到规范和约束作用。②普遍性指的是行政立法的效力能够广泛适用于不特定的对象，并且可以反复适用。③强制性意味着行政立法在实施过程中得到了国家强制力的保障，确保其有效执行。

第三，行政立法具有从属性、多样性与灵活性。①从属性指的是行政立法从属于权力机关的立法，它是权力机关立法的延伸和具体化。②多样性是指行政立法的形式多种多样，表现为不同的行政法规和规章，如条例、规定、办法等,这些形式是行政立法多层次性的体现。③灵活性则指行政立法具有较短的周期和较快的节奏,能够根据形势的变化进行不断的制定、修改和废止,以适应国家行政管理的实际需要。

第四,行政立法的权限和程序具有法定性。行政立法必须在行政机关法定的职权范围内进行,并严格按照法定程序实施。没有宪法和法律授权,或者不按照行政立法规定的程序制定行政规范性文件的行为,不能被视为行政立法。

二、行政立法的分类

(一)根据行政立法的来源分类

1.职权立法

职权立法是指行政机关根据宪法和组织法所规定的职权,就职权范围内的事项制定行政法规和行政规章。[①]具体而言,行政机关根据宪法和法律的授权,制定与其职能相关的法律规范。例如,国务院依据宪法和组织法制定行政法规,各部、委以及国务院直属机构依据职能规定制定规章;此外,地方各级人民政府,包括省、自治区、直辖市及设区的市和自治州的人民政府,在其管辖范围内,依据职权制定相关规章和措施,也属于职权立法的范畴。

2.授权立法

授权立法是指行政机关在宪法和组织法授权之外,依据其他法律法规或国家权力机关专门授权的决议进行的立法活动。授权立法可以进一步细分为一般授权立法和特别授权立法。一般授权立法是指行政机关依据单行法律或法规的授权进行的立法;而特别授权立法则是指行政机关依据国家权力机关专门的授权决议所进行的立法活动。两者的区别在于授权的具体来源及授权范围的不同。

(二)根据行政立法的内容分类

1.执行性立法

执行性立法是指行政立法机关为执行法律法规所进行的立法行为。执

---

①孙波.行政立法研究[M].长春:吉林人民出版社,2019:7.

行性立法的主要特点是并不创设新的法律规范,而是将现有的法律法规进行具体化和细化。因此,执行性立法通常采用实施细则、实施办法、法律解释等形式进行。执行性立法既可以由行政立法机关依职权进行,也可以依据授权进行,但无论是哪种方式,其内容不得与所要执行的法律或法规相抵触。

2.创制性立法

创制性立法是指行政立法机关为填补现有法律法规中的空白,或为补充已有法律规范的不足之处,而进行的立法。创制性立法的特点是创设新的法律规范,必须经过法律或有权机关的授权才能实施。在创制性立法中,有两种主要形式:一是行政立法机关在没有相应法律或法规的前提下,独立自主地制定具有新的权利义务内容的法律规范,这种立法形式称为自立性立法;二是行政立法机关在现有法律规范的基础上,为弥补其不足而对相关内容作出创制性规定,这种立法形式称为补充性立法。

(三)根据行政立法的主体分类

1.中央行政立法

中央行政立法是指中央政府及其各工作部门所进行的行政立法活动。具体而言,中央行政立法包括国务院及其所属各部、委、直属机构制定行政法规和规章的行为。这些法规和规章由中央政府制定,并针对全国范围内的普遍性问题及需由中央统一规定的重大事项进行调整。中央行政立法所作出的规定具有全国范围的法律效力。

2.地方行政立法

地方行政立法是指享有行政立法权的地方政府所进行的行政立法活动。具体来说,地方行政立法包括省、自治区、直辖市人民政府以及设区的市、自治州人民政府制定规章的行为。地方行政立法既要根据本地区的实际情况,对中央行政立法进行具体化和补充,又要针对本地区的特殊社会关系,对地方性问题作出具体规定。需要注意的是,地方行政立法的效力仅限于其所在的行政区域内,不具有全国范围的法律效力。

第二节 行政立法的主体与权限

依照宪法、组织法和立法法以及国家最高权力机关的授权，我国行政立法的主体及其权限如下。

一、国务院的行政立法权

国务院有权制定行政法规。行政法规是指国务院为领导和管理国家各项行政工作，依照法定程序制定的政治、经济、教育、科技、文化、卫生、外事等各类法规的总称。行政法规的名称一般称“条例”“规定”和“办法”等。国务院根据全国人民代表大会及其常务委员会的授权决定制定的行政法规，称“暂行条例”或者“暂行规定”。

二、国务院所属部门的行政立法权

国务院所属的各个部、委员会、中国人民银行、审计署以及具有行政管理职能的直属机构，都可以依据法律、国务院的行政法规、决定和命令，在其职能范围内制定规章。这些规章统称为“部门规章”，它们通常以“规定”或“办法”作为名称，但不得称为“条例”。部门规章的制定是为了规范和执行上级法律或国务院的行政法规、决定、命令，是在法律框架内进行的行政立法活动。

部门规章所规定的事项，必须是为了执行相关的法律、行政法规、决定或命令而设立的。因此，部门规章只能涉及到本部门所承担的职责范围，不得越权或超出职能范围。对于涉及到两个以上国务院部门职能交叉或重叠的事项，相关部门应当提请国务院制定相应的行政法规，或者由有关部门联合制定规章，以保证立法的统一性和权责的清晰。

部门规章具有强烈的部门特征，其内容是针对本部门管辖范围内的具体事务作出的规定，属于执行性立法。这些规章并不创造新的法律权利或义务，而是细化和补充上位法和行政法规的具体执行细节，因此，其立法功能具有高度的执行性与针对性。若部门规章超出了部门的法定权限范围进行立法或规定，便会被视为违法行为，并无法律效力。

三、特定地方人民政府的行政立法权

享有行政立法权的地方人民政府包括省、自治区、直辖市人民政府以及设区的市、自治州的人民政府。这些地方政府在宪法和法律的框架下，承担

着为本行政区域内的具体行政事务制定和实施相关规章制度的责任。具体来说,地方各级人民政府可以根据上级法律、行政法规和本省、自治区、直辖市的地方性法规,制定具有地方性特色的规章。这些地方性规章统称为地方政府规章,旨在对地方事务进行有效的管理与规范。

地方政府规章的制定应遵循一定的法定程序,其主要目的是为了更好地执行上级法律和行政法规,或者针对本地区特殊的行政需求作出详细规定。然而,地方政府规章的适用范围仅限于本行政区域内,且其规范性不及法律、行政法规及地方性法规,因此,它们只能在地方范围内产生效力。地方政府规章的命名通常采用“规定”或“办法”这样的表述,但不得使用“条例”这一名称,因为“条例”是更高层次立法的专属用语。

此外,其他没有行政立法权的地方人民政府则无权制定地方政府规章。但它们仍可以制定一般的规范性文件,这些文件主要用于指导、规范行政行为,但与地方政府规章相比,其效力和适用范围要更为有限。因此,地方人民政府在行使行政立法权时,必须严格遵循相关法律法规的框架和范围,确保其立法活动具有合法性、合规性,并能有效服务地方行政管理需要。

第三节 行政立法的原则与程序

一、行政立法的原则

行政立法的原则是贯穿于行政立法过程中的指导思想和基本准则,它为行政机关在制定法规、规章时提供了行为的基本框架。这些原则不仅确保行政立法的合法性和有效性,也有助于行政立法与其他法律体系的协调和完善。

(一)依法立法原则

依法立法原则要求行政立法必须以宪法和法律为依据,严格依照法定的权限和程序进行。依法立法原则体现了法治国家的基本要求,即所有行政立法活动必须在宪法和法律的框架内开展,不能超越法律授权的范围。行政机关在制定行政法规、规章时,应始终从国家整体利益出发,保障社会主义法制的统一和尊严。具体来说,行政立法的内容必须符合宪法、法律以及其他上位法的规定,不能与这些法律规范相抵触,否则将可能导致法律效力的无效或受到质疑。此外,行政立法还必须体现法定程序,确保透明、公正,避免行政机关擅自设立不符合法律的规章制度,确保所有行政法规的制定都处于法制轨道上,从而维护社会的法治秩序。

(二)民主立法原则

民主立法原则强调行政立法应当体现人民的意志,充分发扬社会主义民主,保障人民能够通过多种途径参与立法活动。民主立法原则的确立,对于激发人民的民主法律意识、加强公众对行政法规的认同感,以及确保行政立法符合社会的广泛需求,具有重要的作用。

在实施民主立法原则时,行政机关在制定行政法规和规章时,应深入调查研究,总结实践经验,充分听取各方面的意见和建议,确保立法过程的开放性与透明度。具体而言,行政机关可以通过召开座谈会、论证会、听证会等多种形式来广泛征求来自有关机关、组织和公民的意见。多元化的参与形式,不仅有助于提高行政法规的科学性和合理性,也能够增强法律的公信力和社会接受度。此外,民众的广泛参与有助于减少行政立法中可能出现的偏差,确保法规更加符合社会实际,具有更强的现实意义和可操作性。

(三)改革、精简、统一、效能原则

行政立法应当充分体现改革精神,依据社会和经济发展的需要,科学规范行政行为,以适应时代的发展要求。通过行政立法,能够有效推动政府职能的转型,尤其是促使政府职能逐步由过去的行政管理功能向经济调节、社会管理以及公共服务的全面转变。这一转变不仅能够提高政府工作效率,还能加强政府与民众之间的联系和互动,提升公共服务的质量。

行政立法还必须遵循精简、统一和效能的原则。在实际操作中,行政立法应致力于减少冗余的行政手续,精简不必要的程序,简化行政流程,避免行政管理上的重复和浪费。此外,行政职能的分配必须做到统一,即对于相同或相近的行政职能,应由一个行政机关负责执行,避免职能重叠、职责不清的情况出现。这不仅有助于提升行政效率,还能够避免行政机关之间的冲突和责任推诿。

(四)权利和义务、职权和职责相统一原则

行政立法在规定公民、法人和其他组织的权利和义务时,必须坚持实际出发,确保规定科学、合理且切实可行。对于公民、法人以及其他组织的权

利，应当给予充分保障，并明确其实现途径。与此同时，行政立法还应当规定与权利相对应的义务，确保权利与义务的平衡性和互相依存性。行政立法的核心在于通过法律手段保障公民及社会主体的合法权益，使其在享有权利的同时，也明确自己的责任和义务，从而推动社会的和谐发展。

行政立法还应体现行政机关的职权与职责相统一的原则。赋予行政机关必要的职权时，必须明确规定其行使这些职权的条件、程序和应承担的责任。具体来说，行政机关在行使职权时，必须遵循法定程序，依法行使职能，并对自己的行为承担相应的法律责任。通过这一统一原则的贯彻，能够确保行政机关依法行政、公正履职，从而提高行政效率和公信力，同时避免滥用职权的现象发生。

二、行政立法的程序

行政立法的程序是指行政立法主体依照法定权限制定行政法规、规章的方式和步骤。行政立法是国家治理体系中的一项重要内容，其目的在于通过有效的法规、规章体系保障行政管理的规范性与高效性。该程序通常包括立项阶段、起草阶段、审议阶段、公布阶段等多个环节，每一个环节均有严格的法定要求和操作流程。

（一）立项阶段

立项阶段是行政立法程序中的第一步，旨在确定某一行政法规或规章是否需要制定以及如何进行立法工作。具体来说，立项阶段包括各级政府相关部门根据实际需要提出立法建议，并通过审批程序进行确认。

国务院作为国家最高行政机关，负责组织和监督国家行政立法工作。每年年初，国务院会编制本年度的立法工作计划。国务院有关部门如果认为某一行政法规有必要制定，应当在每年年初编制年度立法工作计划之前，提前向国务院提出立项申请。这些部门包括国务院各个直属机构、各部门及其内设机构等。

在立项申请中，提出制定行政法规的部门应当对该法规的制定背景进行详细说明，明确需要解决的主要问题以及拟确立的主要制度框架。这一阶段是对立法需求进行初步论证和评估的重要环节。申请材料会经各级法制机构进行汇总、分析和研究。法制机构会根据立项申请中的内容，评估其是否符合国家行政管理的需要，并提出相关意见和建议。

与此同时，地方政府及其相关部门在本地行政法规或规章的制定过程中也有类似的程序。例如，省、自治区、直辖市以及设区的市、自治州等地方的人民政府所属工作部门或下级政府部门，在认为有必要制定地方性法规时，应当向其所在省、自治区、直辖市或设区的市、自治州的人民政府提交立项申请。这些地方性立项的流程与中央政府部门的流程基本相似，但其审批权限归属地方政府。

一旦立项申请得到各级法制机构的审核通过，并经各相关行政主管部门确认，立法工作计划就会进入下一阶段——起草阶段。立项阶段的工作，实质上是对立法需求进行审视、分析并最终确认其可行性和必要性的过程。

(二)起草阶段

行政法规的起草由国务院负责组织，而部门规章则由国务院各相关部门组织起草，地方政府规章则由省、自治区、直辖市以及设区的市和自治州的人民政府组织起草。起草过程中，应严格遵循行政立法的原则，进行深入的调查研究，并广泛听取各方意见。政府部门应广泛征求各级机关、社会组织、专家学者以及普通公民的意见，确保法规或规章内容的广泛适用性和合理性。对于涉及重大管理体制调整、政策方针变化等问题，若需国务院决策的，起草部门应将拟定方案报请国务院讨论决定。同时，对于涉及国务院各部门间关系或本级人民政府部门间关系的内容，起草部门必须充分征求相关部门的意见，确保各方利益的平衡和法律文本的可操作性。

(三)审查阶段

行政法规、规章的送审稿需由法制机构负责统一审查。法制机构在审查过程中，重点从以下方面进行评估：第一，是否符合行政立法的基本原则，确保法规和规章的制定符合国家法律体系的整体要求。第二，是否与现有的行政法规和规章相协调与衔接，避免重复、冲突或漏洞。第三，是否妥善处理了各方提出的意见，特别是有关机关、组织和公民的反馈，确保社会各界对法规和规章内容的理解和认同。第四，是否符合立法技术要求，即法规文本是否清晰、准确、规范，避免法律语言的歧义。第五，其他需要审查的内容，如技术性问题、执行可行性等。

在审查过程中，法制机构有权就送审稿中的重大问题，通过座谈会、听证会等方式，广泛听取相关机关、组织和公民的意见。在吸收各方意见后，法制机构会与起草部门进行充分协商，对行政法规或规章送审稿进行必要的修改，并形成行政法规或规章的草案，同时编写对草案的说明，阐明草案中的重要条款及其依据。

（四）决定与公布阶段

在审查通过后，行政法规需要提交国务院常务会议审议，或者直接由国务院进行审批，并报请总理签署国务院令进行公布实施。部门规章的发布，则需经过相关部务会议或委员会会议的决定，由本部门首长签署命令进行公布。地方政府规章的制定也需通过政府常务会议或全体会议决定，省长、自治区主席、市长或自治州州长签署命令进行公布。

行政法规和规章签署后，应及时在政府公报或相关报纸上发布，并自公布之日起30天后生效。然而，对于涉及国家安全、外汇汇率、货币政策等紧急领域，或由于其性质需要立即生效的法规或规章，发布后可即时生效，不必等待30日的生效期。

通过这一系列的审查和批准程序，确保行政法规和规章的合法性、科学性和执行力，为国家治理体系和治理能力现代化提供法律支持。

第四节 行政立法的适用与备案

一、行政立法的适用

（一）行政立法的效力等级

行政立法在实际适用过程中，需要明确其与权力机关立法的关系以及行政立法内部各层级之间的效力区分。不同类型的行政立法具有不同的效力等级，因此在适用时，必须根据这些效力等级的排列来确保法律体系的统一性和权威性。

1.宪法的最高效力

宪法作为国家的根本法，具有最高的法律效力。所有其他法律、行政法规、地方性法规、自治条例及单行条例、规章等都不得与宪法相抵触。宪法的规定是所有立法和行政行为的基础和上位法，任何与宪法相违背的法律或行政行为都无效。

2.法律的效力高于行政法规和地方性法规

法律的效力要高于行政法规、地方性法规和规章。法律由全国人民代表大会及其常务委员会制定，具有最高的国家法定效力，任何行政法规或地方性法规不得违反法律规定，否则将被认为无效或部分无效。

3.行政法规的效力高于地方性法规和规章

行政法规由国务院制定，针对全国范围内的行政事务进行规范。其效力高于地方性法规和规章，地方性法规和规章必须在不违反行政法规的前提下执行。因此，在行政法规与地方性法规、地方政府规章发生冲突时，应优先适用行政法规。

4.地方性法规的效力高于地方政府规章

地方性法规由省、自治区及直辖市的人民代表大会及其常务委员会制定，主要规范本行政区域内的事务。地方性法规的效力要高于本级及下级地方政府制定的规章，因此，在地方性法规与地方政府规章发生冲突时，应优先适用地方性法规。

5.省、自治区政府规章的效力高于设区市、自治州政府规章

在省、自治区的人民政府与设区的市或自治州的人民政府之间，省、自治区人民政府制定的规章具有较高的效力。在同一行政区域内，设区市或自治州的政府制定的规章不能与省、自治区政府的规章相冲突，若发生冲突，省、自治区政府的规章应当优先适用。

6.自治条例和单行条例的优先适用

自治区和民族自治地方可以根据特殊需要，制定自治条例和单行条例，对法律、行政法规、地方性法规进行变通规定。根据《中华人民共和国宪法》和相关法律的规定，这些自治条例和单行条例在本地区内具有优先适用的效力，特别是在民族地区的文化、习惯和自治权利方面，自治条例和单行条例的规定具有特殊法律效力。

7.经济特区法规的特殊效力

根据法律授权，经济特区可以制定特有的法规来调整与地方性法规、行政法规及国家法律相矛盾或不适应的特定事项。经济特区法规的效力在特区内具有特殊优先权，因此在经济特区内发生与国家法律、行政法规及地方性法规的冲突时，应优先适用经济特区法规的相关规定。

8.部门规章的同等效力

各部门规章在其各自的权限范围内具有同等效力。部门规章由各部委或其他政府机构制定,目的是规范和指导特定领域的行政管理工作。与地方政府规章之间,部门规章和地方政府规章享有平等的效力,并应在各自的权力范围内执行。因此,部门规章与地方政府规章冲突时,应根据具体的权限范围来确定适用的法律文件。

通过明确行政立法的效力等级及其适用关系,可以有效规范行政立法行为,确保法律体系的统一性与协调性。在法律适用过程中,必须严格遵循这些层级关系,以防止法律冲突和行政行为的不当执行。

(二)行政立法的适用原则

第一,上位法优于下位法原则,即在不同效力等级的法律规范之间发生冲突时,下一等级的法律规范自然无效,而无须有权机关作出裁决。第二,特别法优于一般法原则,即行政法规或者同一机关制定的规章,特别规定与一般规定不一致的,适用特别规定。第三,新法优于旧法原则,即行政法规或者同一机关制定的规章,新的规定与旧的规定不一致的,适用新的规定。第四,有权机关裁决原则:①行政法规之间对同一事项的新的一般规定与旧的特别规定不一致,不能确定如何适用时,由国务院裁决。②地方性法规与部门规章之间对同一事项的规定不一致,不能确定如何适用时,由国务院提出意见,国务院认为应当适用地方性法规的,应当决定在该地方适用地方性法规的规定;认为应当适用部门规章的,应当提请全国人民代表大会常务委员会裁决。③部门规章之间、部门规章与地方政府规章之间对同一事项的规定不一致时,由国务院裁决。

二、行政立法的备案

行政立法的备案,是指已经发布的行政法规、规章通过法定程序上报至相关法定机关,以便让这些机关知晓,并为必要时进行审查提供依据。备案作为行政立法的重要环节,不仅是对行政法规和规章的一种后续管理程序,也是确保其合法性、合规性的重要手段。通过备案,能够有效维护社会主义法制的协调统一,强化对行政法规和规章的监督管理,避免出现与宪法、法律及上位法规冲突的情况,保障法治国家建设的顺利推进。

行政法规应当报送全国人民代表大会常务委员会备案,而部门规章和地方政府规章则需要报送国务院备案。此外,地方政府制定的规章,除了报送国务院备案外,还应当同时报送本级人民代表大会常务委员会备案,以确保地方立法与国家法律法规的一致性与合法性。设区的市、自治州的人民政府所制定的规章,则必须同时报送所在省、自治区的人民代表大会常务委员会以及人民政府备案,以便进行必要的法律审查和统筹管理。

接受备案的机关有权对行政法规、规章进行审查,确保其符合宪法、法律和国家政策的规定。如果发现任何不符合相关法律法规的内容,备案机关可以提出修订意见,甚至要求进行调整或撤销相关条文。因此,行政立法的备案不仅是行政机关履行法定职责的一部分,也是保障法治精神和法治秩序得以维护的重要机制。

第五节 行政立法的改变与撤销

一、行政立法改变或撤销的事由

行政法规和规章是由国家机关依据法定权限制定和发布的,然而,在某些情况下,如果它们出现下列情形之一,相关机关应当依法采取改变或撤销的措施,以确保行政立法的合规性和合理性。

第一,超越权限的。当行政法规或规章的制定超出了其相应立法机关的法定权限时,该法规或规章应当被视为无效或不适用,相关主管机关必须依照法定程序予以改变或撤销。此类情况通常发生在法规或规章的内容与立法权限发生冲突,导致其不能依法实施。第二,下位法违反上位法规定的。行政法规或规章若在内容、形式或实施上与宪法、法律以及其他上位法的规定相违背,便存在合法性上的问题。在这种情况下,由上级机关依照法定权限和程序,予以撤销或者修正该法规或规章。此类问题通常涉及法律层级之间的冲突,涉及对法治原则的遵守。第三,规章之间对同一事项的规定不一致,经裁决应当改变或者撤销一方的规定的。当不同的行政规章在同一事项或领域中作出了相互冲突或不一致的规定,且这些规定未得到妥善的协调或整合时,行政机关有责任进行裁决,决定应当保持哪个规章的规定,并对与之冲突的规定进行撤销或修改。这是为了避免法规之间的矛盾影响行政效率和法律的统一性。第四,规章的规定被认为不适当,应当予以改变或者撤销的。某些情况下，规章的规定可能在实施过程中发现不合时宜，无法适应新的社会经济发展或实际需要，或者对行政相对人的利益产生不利影响。若经相关部门审查认为某些规定已经不符合公共利益或实践需求，则应当予以修改或撤销，以确保行政规范的合理性与时代性。第五，违背法定程序的。行政法规和规章的制定必须遵循法定程序，包括公开征求意见、专家评审、社会讨论等程序。如果在制定过程中存在程序上的严重违法行为，导致法规或规章的制定过程缺乏透明度或未遵循必要的法律程序，则该法规或规章可能被认定为无效或不合法，相关机关必须依法予以撤销或重新审查。

二、行政立法改变或撤销的权限

行政立法的改变或撤销是对现有行政法规、部门规章及地方政府规章进行调整或废止的行为。这一权限的具体分配如下：第一，全国人民代表大会常务委员会有权撤销与宪法或法律相抵触的行政法规。作为最高立法机关的常务委员会，其对行政法规的审查具有至高无上的权威性。任何行政法规如果与国家的根本法律——宪法相悖，或者与其他上位法不一致，均可由全国人大常委会决定予以撤销，以确保法律体系的统一性和法治的尊严。第二，国务院有权改变或撤销不适当的部门规章和地方政府规章。国务院作为中央政府的最高行政机关，负责制定和调整行政法规及政策。而部门规章和地方政府规章则属于行政立法的下层规范性文件。当发现这些规章存在不适当、滞后或者与实际情况不符的问题时，国务院有权采取相应措施予以修订或废止，以适应国家发展需求及政策的调整。第三，地方人民代表大会常务委员会有权撤销本级人民政府制定的不适当规章。地方各级政府根据本地区的具体情况制定地方性法规和规章，但若这些规章与地方经济发展、社会需求或上级法律存在冲突，或者其规定已经不适应社会变化时，地方人民代表大会常务委员会有权对其进行撤销或修订。地方人大常委会的这一职能确保了地方政府的立法行为符合国家法律和地方实际。第四，省、自治区的人民政府有权改变或撤销下一级人民政府制定的不适当规章。各省、自治区政府在行使行政管理职能时，可能会发现其下级政府所制定的规章不符合上级政策或地区发展要求。在这种情况下，省、自治区的人民政府有责任采取措施，改变或撤销下级政府的规章，从而确保法规的一致性和适应性。

第六章 抽象行政行为

抽象行政行为是指行政主体以规范性文件的形式作出的一种普遍约束力的行政行为，旨在设定或调整行政管理领域的权利义务关系，具有广泛的适用性和法律效力，通常通过规章、决定或命令等形式表现，用于规范行政管理活动和维护社会秩序。本章主要论述抽象行政行为的基本特征、抽象行政行为的类型划分、抽象行政行为成立的要件。

第一节 抽象行政行为的基本特征

中国法学理论和立法对具体行政行为和抽象行政行为的界定较为明确，但实践中两者之间存在着交叉地带，包括文件的同一内容针对特定对象和不特定对象分别构成具体行政行为和抽象行政行为、同一文件的不同内容分别构成具体行政行为和抽象行政行为等复杂情形。[①]抽象行政行为是指行政主体以一类事、一类人为对象制定行政规范的行为。抽象行政行为作为行政机关行使职权的一种重要方式，在行政管理中发挥着举足轻重的作用，它有助于明确行政相对人的权利义务关系，规范行政行为，维护行政秩序。

一、对象的普遍性

抽象行政行为的对象普遍性，是其核心特征之一，这一特征意味着，抽象行政行为并非针对某一特定个体或具体事件而设，而是面向广泛的、不特定的行政相对人及其行为，这种普遍性赋予了抽象行政行为以广泛的适用范围和深远的影响力，它确保了行政规范的统一性和连续性，使得同一类型的行政相对人在相同情境下能够受到一致的法律待遇，从而维护了行政公平与正义。对象普遍性促进了行政效率的提升。由于抽象行政行为针对的

①卢航，杨峥嵘.具体行政行为和抽象行政行为的交叉地带及其法律思考[J].河北科技大学学报(社会科学版)，2020(03).

是一类事或一类人,因此它能够避免针对每个具体个案重复制定规则的烦琐与低效,实现了行政资源的优化配置。同时,这种普遍性也为行政相对人提供了明确的预期和指导,有助于其自觉遵守行政规范,降低行政违法的风险。

二、不可诉性

抽象行政行为的不可诉性,在我国行政法律体系中占据重要地位,体现了行政法理论与实践的深刻考量,这一特征意味着,抽象行政行为作为行政主体针对不特定对象制定的具有普遍约束力的行为规范,通常不被纳入行政诉讼的直接审查范围。抽象行政行为涉及广泛的社会关系与公共利益,若全面开放诉讼渠道,可能导致司法资源过度消耗,影响行政效率与稳定性。因此,通过立法与司法实践的精细安排,既保障了行政相对人的合法权益,又维护了行政行为的权威性与连贯性,体现了行政法制度设计的智慧与平衡。

三、效力的普遍性和持续性

效力的普遍性,意味着抽象行政行为一旦制定并公布,即对某一类别的人或事产生普遍的法律约束力,无论个体差异或具体情境如何,均需遵循其设定的规范标准,这一特征确保了行政管理的统一性和公正性,使得行政相对人能够在明确的规则框架内行事,降低了行政行为的随意性。

效力的持续性进一步强化了抽象行政行为的法律地位,它不仅对当前的行为和事件具有约束力,而且对未来发生的同类行为和事件同样适用,除非被新的抽象行政行为所替代或废止,这种持续性的法律效力,为行政相对人提供了稳定的预期,有利于维护社会秩序的连续性和稳定性。同时,它也促使行政机关在制定抽象行政行为时,必须充分考虑其长期影响,确保规则的合理性与前瞻性,从而推动行政法治的持续发展。

第二节 抽象行政行为的类型划分

依据不同的标准,可以对抽象行政行为作不同的分类。对抽象行政行为最常见的分类是依据规范程度和效力等级的不同,将其分为行政立法行为和制定其他规范性文件行为。

一、行政立法行为

行政立法行为，作为抽象行政行为的重要组成部分，承载着国家行政机关制定行政法规与行政规章的重任，它不仅是行政机关履行法定职责、实施行政管理的重要手段，更是国家法律体系不可或缺的一环。行政法规由国务院制定并发布，具有全国性的法律效力；行政规章则由国务院各部委及地方人民政府依据宪法、法律和行政法规制定，分别形成部门行政规章与地方行政规章，共同构建起层次分明、内容丰富的行政规范体系。行政立法行为的规范性与权威性，为行政管理的法治化奠定了坚实基础，有力推动了国家治理体系和治理能力现代化的进程。

二、制定其他规范性文件的行为

制定其他行政规范性文件的行为，是行政机关在法定职权范围内，为有效实施法律、贯彻执行政策而采取的一项重要举措，这类规范性文件虽不属于行政法规与行政规章的范畴，但其同样具备普遍约束力，对行政相对人的权利义务产生实质性影响。它们作为行政管理的细化和补充，能够灵活应对社会经济发展的新情况、新问题，及时填补法律规范的空白，确保行政管理的有效性和适应性。通过制定其他行政规范性文件，行政机关能够更加精准地指导行政实践，促进法律政策的落地生根，为构建法治政府、服务社会大众提供有力支撑。抽象行政行为是政府重要的行为表现形式之一，在我国，现行的行政诉讼法和行政诉讼法修正案草案都将其明确排除在人民法院的受案范围之外。①

第三节 抽象行政行为成立的要件

抽象行政行为的有效成立是指抽象行政行为在其完成了法定程序和具备法定要件后正式对外产生法律效力的情形。

一、公开发布

行政立法需严格遵循法定程序，以行政首长令的权威形式对外发布，并

---

①徐希友.构建我国抽象行政行为行政诉讼新制度[J].中共四川省委党校学报，2014(03).

在指定官方刊物上刊载，以确保其法律效力的正式性与广泛传播。相较之下，一般抽象行政行为在发布形式上则展现出更多灵活性，既可通过正式的行政公文渠道发布，亦可在公共场所或行政机构内部以布告、公告、通告等形式张贴公示，或利用广播、电视等媒体平台广泛传播，这些多样化的发布方式，不仅增强了行政行为的公开性与可及性，也促进了政府与公众之间的有效沟通，为构建阳光政府、法治政府奠定了坚实基础。

二、行政首长签署

行政首长签署作为抽象行政行为生效的关键环节，承载着确保行政决策权威性与合法性的重要使命。依据《中华人民共和国国务院组织法》(以下简称《国务院组织法》)的明确规定，国务院发布的各类决定、命令及行政法规，以及提交全国人民代表大会或其常务委员会的议案，乃至人事任免事项，均需由总理亲自签署，以示其正式性与严肃性，此原则同样适用于其他层级的抽象行政行为，即无论其具体内容如何，均须经过行政首长的签署程序方能生效。行政立法的签署有着更为严格的要求，必须由相应行政机关的正职首长亲自完成，而其他类型的抽象行政行为，则可根据实际情况由正职或副职首长签署，这一制度设计，不仅体现了行政决策的严谨性，也彰显了行政首长责任制的法治精神。

三、原则上经享有相应行政职权的行政机关讨论决定

经享有相应行政职权的行政机关讨论决定，是行政立法行为及部分规范性文件制定过程中的核心程序，体现了集体决策与民主集中制的原则。依据我国《国务院组织法》的相关规定，国务院在处理工作中的重大问题时，必须通过国务院常务会议或全体会议进行充分讨论并作出决定，而行政立法无疑属于此类重大问题范畴。对于其他层级的规范性文件制定，虽然具体程序可能因事项性质与紧急程度而异，但多数也需经过相应级别的正式或非正式会议讨论，以确保决策的科学性与合理性。当然，也存在部分规范性文件，其制定过程较为灵活，可直接由行政首长签署生效，但这并不妨碍“原则上经讨论决定”作为行政立法及重要规范性文件制定中的一项基本准则，对于提升行政决策质量与增强行政公信力具有重要意义。

第七章 具体行政行为(一)

具体行政行为是指行政主体依据法律规定,针对特定相对人或事项作出的个别性、具体化的行政决定,其目的是直接调整行政管理过程中特定主体的权利义务关系。本章主要论述行政许可、行政强制、行政处罚。

第一节 行政许可

一、行政许可的主要特征

行政许可是指行政机关基于公民、法人或其他组织的申请,经过合法审查后,授予其特定活动的权利和资格的行为。此制度在现代行政法中占据重要地位,体现了国家对市场行为的规范与管理。行政许可已经成为我国政府进行社会治理的重要手段,对于维护社会经济秩序的稳定发挥了重要作用。①

第一,行政许可具有依申请的特性,这意味着行政相对人必须主动向行政机关提出申请,才能获得合法的活动权限,该特性确保了行政许可制度的规范性和透明度,有助于行政机关对申请事项进行全面、合法的审查。通过这种机制,行政机关可以有效地评估申请者是否符合相关法律法规的要求,从而维护公共利益。

第二,行政许可的内容涉及行政主体对行政相对人所赋予的法律资格或权利,这种赋权行为不仅是对行政相对人合法权益的认可,更是对其行为的合法化。例如,经营许可证的颁发使得企业能够合法进入特定市场,从事相关经营活动,这种赋予法律资格的过程,促进了市场的健康发展,有助于提高行业的整体素质和服务水平。

第三,行政许可是一种具有严格形式要求的要式行为,行政许可的实施

---

①刘渴,邹琳.行政许可制度现存问题再判与对策新解[J].湖南财政经济学院学报,2022(01).

通常通过颁发许可证、执照等具体文件来完成,这一形式要求不仅增强了行政行为的可追溯性与公信力,同时也为行政相对人提供了法律保障,确保其在特定活动中的合法权益不受侵害。

二、行政许可的类型划分

(一)根据适用范围划分

根据适用范围划分,行政许可分为一般许可与特殊许可。一般许可是指在申请人满足法定条件的情况下,行政主体直接颁发许可证,且通常没有数量等方面的限制,这种许可形式在保障市场主体合法经营、促进经济活动方面发挥了重要作用,体现了行政机关对公民及法人的信任与支持;特殊许可是在满足一般法定条件的基础上,对申请人设定了特定限制,特殊许可的实施强调了行政机关在维护公共利益和社会安全方面的责任与职能,反映了法律对不同行业特点的重视与适应性。

(二)根据许可的享有程度划分

根据许可的享有程度划分,行政许可分为排他性许可与非排他性许可。排他性许可是指一旦某个个人或组织获得许可,其他任何申请者均不得再申请或获得相同许可,这种许可形式在保护特定权益、促进创新与竞争方面起着关键作用,确保了授权主体在特定领域的独占地位,有助于激励其进一步的投资和发展。

非排他性许可是指许可机关对所有符合法定条件的申请者开放的许可。非排他性许可的实施体现了行政机关在保障公共利益、鼓励公平竞争方面的责任。通过明确的法律框架和程序要求,非排他性许可确保了更多主体能够合法参与经济活动,推动了社会经济的全面发展。因此,行政许可的分类与实施在现代法治社会中具有重要的参考价值。

(三)根据是否附加必要履行的义务划分

根据是否附加必要履行的义务划分,行政许可分为权利性许可与附义务行政许可。权利性许可是指申请人获得许可证后,基于个人意志决定是否行使许可证所赋予的法律资格或权利,这类许可强调了个人自由,允许权利持有人在不违反法律的前提下选择放弃其权利,体现了对个体自主性的尊重与保护。

附义务行政许可要求持有人在获得权利的同时,承担特定义务,即在规定期限内必须行使该权利,此类许可强调了社会责任与合规性,确保持证人在享受特定权利的同时,履行与之相关的法律义务。附义务行政许可的设定不仅维护了公共利益,也有助于提高资源的有效利用与管理,促进社会整体的稳定与和谐。

(四)根据许可的内容划分

根据许可的内容划分,行政许可分为行为许可与资格许可。行为许可是指行政机关授权行政相对人从事特定活动的许可,通常涵盖开业、生产和经营等具体行为。行为许可的设立使得行政相对人能够在明确的法律框架内进行其业务活动,从而促进经济的有序发展。

资格许可是在行政相对人经过特定程序并考试合格后,由行政主体颁发的许可,允许其享有某种资格或具备某种专业能力,这类许可不仅关注申请者的法律地位,还侧重于其专业技能的认证,反映了对行业标准与职业素养的重视。资格许可的实施不仅提升了行业的整体水平,也为公众提供了更为安全可靠的服务选择。

(五)根据行政许可的书面形式划分

根据行政许可的书面形式划分,行政许可分为独立许可与附文件许可两种类型。独立许可指的是行政相对人获得的单独许可证或书面文件,且该文件已明确规定了其合法活动的范围、方式及有效期限等核心内容,无需其他文件予以补充或解释,这种形式的许可在实施中确保了许可内容的独立性与完整性,为持证人提供了清晰的法律依据和行为规范,有利于提高行政管理的效率和透明度。

附文件许可需要额外的文件来详细说明许可的具体内容和适用范围,这类许可在内容上往往涉及复杂的权利、条件或技术细节,因此通过附加文件的方式,能够更全面地阐明许可事项。附文件许可的设计不仅增强了许可的法律严谨性,同时也为各方提供了充分的信息保障,有助于防范潜在纠纷。因此,这两种形式的行政许可在不同的应用场景中均具有重要的制度价值。

三、行政许可的基本原则

(一)公开、公平、公正原则

公开原则确保行政许可的所有程序、条件和标准透明化,使行政主体与社会公众之间的信息对称,有助于加强社会监督,提升行政权威的公信力;公平原则体现了对所有申请人的平等对待,保障符合法定条件的申请人享有同等机会,从而防止因个人或组织背景不同而产生的不平等待遇;公正原则要求行政机关严格依照法律法规行使职权,避免滥用权力,以保证行政行为的合法性和合理性。

(二)行政许可法定原则

行政许可法定原则要求行政许可的设定与实施均严格限定在法律框架之内。具体而言,行政许可的创设需具备明确的法律基础,其权力来源、行使边界均需由法律明确规定,确保行政行为的合法性。在实施过程中,行政主体必须严格遵循法定的权限范围、条件限制及程序规范,确保许可行为的公正、透明与高效。此外,针对行政许可产生的争议及行政机关的监督活动,亦需依据法定程序进行,以保障相对人的合法权益,维护行政秩序的稳定与权威。

(三)信赖保护原则

信赖保护原则强调行政机关与行政相对人之间信任关系的维护。当公民、法人或其他组织依法获得行政许可后,该许可即受到法律保护,行政机关不得随意更改或撤销,以确保行政行为的稳定性和可预期性。在法律法规变更或客观情况发生重大变化且涉及公共利益时,行政机关虽可依法变更或撤回已生效的行政许可,但必须对因此给相对人造成的财产损失给予合理补偿,以彰显公平正义,保障相对人的合法权益,进而促进政府与民众之间的信任与合作。

(四)便民和效率原则

行政机关在履行行政许可职责时,应秉持便民理念,致力于简化手续、优化流程,确保申请人能以最低成本、最高效率地实现许可目的,从而提升行政服务的整体质量。同时,效率原则要求行政机关在资源有限的前提下,通过科学管理、技术创新等手段,不断降低行政成本,提高工作效能,确保行政管理目标的快速、准确实现,进而促进社会效益的最大化,实现行政管理与公共服务的双重优化。

(五)行政救济原则

行政救济原则确保了行政相对人的合法权益得到有效维护。在行政许可的实施过程中,法人或其他组织不仅享有充分的陈述权和申辩权,也能在事前表达自身意见、争取合法权益。同时,当面临行政机关的违法行为导致权益受损时,他们还有权依法申请行政复议或提起行政诉讼,作为事后补救途径。此外,对于因行政机关违法实施行政许可而造成的损害,相对人还有权要求赔偿,从而全面保障其合法权益,促进行政公正与法治精神的实现。

(六)行政监督原则

县级以上人民政府需构建完善的监督体系,对下级行政机关实施行政许可的行为进行全面、系统的监督检查,以保障行政行为的合法性与合规性。同时,行政机关也承担着对公民、法人或其他组织在行政许可事项上活动的监督责任,确保许可活动的规范进行,防止权力滥用与违法违规行为的发生。通过强化行政监督,不仅能够提升行政效能,还能有效维护公共利益与社会秩序,推动行政法治建设的深入发展。

(七)行政许可不得转让原则

行政许可不得转让原则体现了行政法的权利专属性与行政管理的严谨性。依法获得的行政许可,因其基于特定条件、标准而授予,故原则上不得随意转让,以确保行政许可的严肃性与行政秩序的稳定。仅在法律法规明确规定的特定情形下,依照法定条件和程序,行政许可方可转让,此举旨在平衡权利流转与行政管理之间的关系。通过严格遵守行政许可不得转让原则,既保护了行政相对人的合法权益,又维护了公共利益与行政管理的权威性,促进了法治社会的有序发展。

四、行政许可的实施程序

(一)申请与受理

公民、法人或其他组织在从事依法需取得行政许可的特定活动时,需向相应行政机关正式提交申请，这是行政许可机关实施行政许可行为的逻辑起点。为确保申请过程的标准化与便捷性，行政机关有义务向申请人提供行政许可申请书的格式文本，以指导申请人准确、完整地填写申请信息。在申请方式上，法律赋予了申请人多样化的选择，除亲自前往行政机关办公场所提交申请外，申请人还可通过信函、电报、电传、传真、电子数据交换及电子邮件等远程方式提出申请，这极大地提升了行政许可申请的灵活性与效率。行政机关在接收到行政许可申请后，需依法对申请进行审查，并根据不同情况作出相应处理：①对于无需行政许可的事项，应立即告知申请人不予受理；②对于不属于本机关职权范围的申请，应迅速作出不予受理决定，并指引申请人向正确机关申请；③对于申请材料中的轻微错误，应允许申请人当场更正；④对于材料不齐全或不符合法定形式的，应一次性告知需补正的全部内容，确保申请人能够迅速、准确地完善申请；⑤对于符合受理条件的申请，行政机关则应及时受理，正式启动行政许可的审查流程。这一系列严谨而高效的受理程序，不仅保障了申请人的合法权益，也维护了行政许可制度的公正性与权威性。

（二）审查与决定

行政机关在接收到行政许可申请后，应对申请材料的完整性及法定形式进行初步审查。若申请材料齐全且符合法定要求，且行政机关能够依据既定标准当场作出决定的，应及时出具书面的行政许可决定，体现行政效率原则。对于需要深入核实申请材料实质内容的复杂情况，行政机关应严格遵循法定程序，指派至少两名工作人员共同进行核查，以确保审查过程的公正性与准确性。在涉及多级行政机关审查的行政许可事项中，下级行政机关应在法定期限内完成初步审查，并将审查意见及全部申请材料直接报送上级行政机关，避免重复审查，提高行政效率，同时确保上级行政机关能够全面、准确地掌握申请情况。在审查过程中，若行政机关发现行政许可事项可能直接关联到他人重大利益，应及时告知相关利害关系人，保障其知情权与参与权。申请人及利害关系人均有权就申请事项进行陈述和申辩，行政机关应充分听取并考虑各方意见，确保行政许可决定的公正性与透明度。

审查完毕后，行政机关应在法定期限内，根据审查结果依法作出行政许可决定。对于符合法定条件与标准的申请，应出具准予行政许可的书面决定；对于不符合条件的申请，则应依法作出不予许可的决定，并详细说明理由,同时告知申请人享有申请行政复议或提起行政诉讼的救济权利,确保行政决定的合法性与可诉性,维护行政相对人的合法权益。

(三)听证

对于法律法规、规章明确规定的应当实施听证的事项,或是行政机关基于公共利益考量认为有必要听证的其他重大行政许可事项,行政机关需依法向社会发布公告,并组织听证活动,以确保行政许可决定的透明度与公正性。当行政许可事项直接关联到申请人与他人之间的重大利益关系时,行政机关在作出决定前,负有告知申请人及利害关系人享有听证权利的义务。申请人及利害关系人在接到告知后5日内提出听证申请的,行政机关应迅速响应,于20日内组织听证,且不得向申请人及利害关系人收取任何听证费用,体现了行政法上的便民原则与成本节约原则。

听证程序需严格遵循法定流程:①行政机关应提前7日将听证的时间、地点通知相关当事人,并在必要时进行公告,确保听证的公开性;②听证应由与审查该行政许可申请的工作人员无直接利害关系的人员主持,以保障听证的公正性;③听证过程中,审查人员需提供审查意见的证据与理由,申请人及利害关系人则有权提出证据,进行申辩与质证,确保各方意见的充分表达与考量;⑤听证结束后,应制作详细的听证笔录,并经听证参加人确认无误后签字或盖章,作为行政机关作出行政许可决定的重要依据。通过这一系列严谨而公正的听证程序,行政机关能够更加全面、准确地掌握行政许可事项的相关情况,从而作出更加合理、合法的行政许可决定,有效平衡公共利益与私人权益,推动行政法治的深入发展。

(四)变更与延续

当被许可人因实际情况变化而需要调整行政许可事项时,必须向原作出行政许可决定的行政机关提出变更申请,这一程序要求被许可人明确变更的具体内容,并确保其符合法定的条件与标准。行政机关在接收到变更申请后,应依法进行审查,对于符合规定要求的申请,应及时办理变更手续,以确保行政许可与实际情况的一致性,维护行政许可的合法性与有效性。

对于依法取得的行政许可,当其有效期即将届满,而被许可人希望继续从事相关活动时,需在有效期届满前30日向行政机关提出延续申请,这一规定旨在给予被许可人充分的准备时间,同时也为行政机关提供了必要的审查周期。行政机关应根据被许可人的申请,结合其过去的经营表现、合规记录等因素,在行政许可有效期届满前作出是否准予延续的决定。若行政机关在规定的期限内未作出决定,则依法视为准予延续,以保障被许可人的合法权益,体现行政法上的“默示许可”原则。

第二节 行政强制

行政强制是指行政主体为实现行政职能或目的在行政管理活动中采取强力方法的行政行为。行政强制执行是指行政机关或者行政机关申请人民法院,对不履行行政决定的公民、法人或者其他组织,依法强制履行义务的行为。

一、行政强制的原则

行政强制应遵循适当原则,即行政强制的实施应兼顾公共利益与当事人的合法权益,选择适当的方式,并严格以达成行政管理目标为限,这一原则要求行政主体在实体与程序上均需保持克制,确保强制手段与目标之间的合理对应,避免过度干预。

教育与强制相结合原则强调,行政强制并非孤立手段,而应与教育引导相结合,旨在促使当事人自觉改正违法行为,履行法定义务。

行政强制不得谋利原则,明确禁止行政机关及其工作人员利用行政强制权谋取私利,从根本上杜绝滥用行政强制权的行为,确保行政强制的公正性与纯洁性。

二、行政强制的类型

行政强制措施:行政强制措施旨在预防、制止或控制违法行为的发生、发展,其类型多样,包括但不限于限制公民人身自由、查封场所设施或财物、扣押财物以及冻结存款汇款等,这些措施均体现了行政主体对违法行为即时干预的能力。行政强制措施是我国行政机关或法律授权的组织在行政执法时使用的一种常见的强制性手段,也是我国《中华人民共和国行政诉讼法》规定的可诉具体行政行为之一[①]。

行政强制执行:行政强制执行是在行政决定作出后,为确保其得到有效

①王清水.我国行政强制措施及可诉性[J].法制博览,2020(13).

履行而采取的一系列强制手段,其方式涵盖加处罚款或滞纳金、划拨存款汇款、拍卖或依法处理查封扣押物、排除妨碍恢复原状、代履行等,这些执行方式旨在通过直接或间接的强制力,促使当事人履行法定义务,维护行政决定的权威性与执行力。

第三节 行政处罚

一、行政处罚的特征

(一)行政处罚的实施主体具有法定性

行政处罚的实施主体具有法定性仅限于行政机关或经法律法规授权的组织,以及受行政机关委托的组织,这一特征确保了行政处罚权的行使主体具备合法的权力来源,避免了权力滥用的风险。行政机关作为主要的实施主体,承载着维护社会秩序、保障公共利益的重要使命;被授权或被委托的组织,则在特定范围内行使行政处罚权,共同构建起行政处罚的主体体系。

(二)行政处罚的适用条件具有严格性

行政处罚针对的是公民、法人或其他组织实施的违法但尚未构成犯罪的行为,这里的"违法"特指违反行政法律规范,且其程度尚未触及刑事责任的范畴,这一特征既体现了行政处罚对轻微违法行为的惩戒作用,又确保了其与刑事处罚之间的界限分明,避免了法律适用的混淆。

(三)行政处罚的性质具有惩戒性与制裁性

惩戒不仅是对违法者的直接制裁,更是对社会秩序的一种维护,体现了行政法治的严肃性与公正性。行政处罚通过其惩戒功能,促使公民、法人或其他组织自觉遵守行政法律规范,共同营造一个和谐、有序的社会环境。

二、行政处罚的原则

(一)行政处罚适当原则

在行政处罚的实践中,行政机关享有较大的裁量权,这既是对行政机关专业判断能力的信任,也是对其责任担当的考验。行政机关在行使这一权力时，应秉持公正、审慎的态度，全面考量违法行为的各个方面。具体而言，行政机关需细致分析违法行为的类型，准确判断其性质，深入剖析其情节，并客观评估其对社会产生的危害程度。在此基础上，行政机关所选择的处罚罚则、确定的罚款数额以及判定的违法情节，均应与违法行为的具体情况紧密相连，确保处罚的适当性与合理性。

（二）一事不再罚原则

一事不再罚原则的确立，体现了法律对行政相对人权益的尊重与保护。在行政处罚的实践中，行政机关依法对违法行为进行查处，并依据违法行为的性质、情节等因素作出相应的处罚决定。若允许对同一违法行为进行多次处罚，不仅会增加行政相对人的负担，还可能引发行政处罚的随意性与不公正性，损害法律的权威与公信力。

（三）惩罚与教育相结合原则

行政机关在行使处罚权时，不仅要依法对违法行为进行惩戒，更要注重对行政相对人的教育引导，通过法律知识的普及、违法后果的警示等方式，提升其法律意识与法治观念。此外，这一原则还体现了行政处罚的人性化与科学化，它要求行政机关在处罚过程中，既要严格依法办事，又要注重方式方法的选择，确保处罚既公正又合理，既能够震慑违法者，又能够教育引导其走上守法之路。

三、行政处罚的形式

（一）财产罚

财产罚通过对被处罚人一定数量的财产进行剥夺，既体现了法律的威严与惩罚性，又彰显了行政处罚的灵活性与针对性。财产罚具体表现为罚款与没收两种形式，其中罚款直接可以金钱给付义务，促使违法者承担经济上的不利后果；没收则针对违法所得与非法财物，从根本上剥夺了违法行为的物质基础，有力打击了违法行为的利益驱动。

（二）行为罚

行为罚，亦称资格罚或能力罚，核心在于限制或剥夺被处罚人从事特定行为的资格与能力，行为罚直接关乎被处罚者的切身利益，故而在设定与实施过程中,必须遵循严格的标准与程序。行为罚的具体表现形式多样,主要包括责令停产停业、暂扣或吊销许可证及执照等。责令停产停业,旨在针对违法生产经营活动,于一定期限及范围内限制或取消其活动资格;暂扣许可证与执照,是对持有相关证件但因违法行为需暂时停止其活动资格的处罚;吊销许可证与执照,是最为严厉的处罚,意味着永久性地剥夺被处罚人从事特定活动的资格。

(三)自由罚

自由罚,亦称人身罚,核心在于对当事人人身自由的限制或剥夺。自由罚主要适用于公民个人,对于法人而言,对其法定代表人的拘留应视作对个人违法行为的惩戒,而非对法人的直接处罚。自由罚的具体形式涵盖行政拘留以及针对外国人的驱逐出境、禁止或限制进出境等。行政拘留由公安机关执行,针对违反治安管理的行为人在短期内实施人身自由限制;针对外国人的相关处罚,则由公安、边防、安全机关依据行政法律规范,采取强令离开或禁止进入中国国境的措施。

第八章 具体行政行为(二)

具体行政行为广泛应用于行政执法和公共管理领域,不仅保障了行政效率与公正性,也为行政争议的法律救济提供了明确的依据与规范。本章主要探究行政征收、行政给付、行政奖励、行政确认。

第一节 行政征收

一、行政征收的特征

(一)法定性

鉴于行政征收直接关乎行政相对人的经济利益,为确保其合法权益免受非法侵害,整个征收过程均被纳入法律调整的范畴。从征收项目、金额到主体、对象,乃至程序,均需有明确的法律依据,并受稳定法律规范的制约,此特征确保了行政征收活动的合法性与正当性,仅具备法定征收资格的行政机关,遵循法定程序,方能在规定范围内开展征收活动。行政征收是行政机关基于公共利益,依据法定程序强制剥夺权利人的财产权并给予相应补偿的行为。①

(二)无偿性

行政征收是行政主体代表国家,无偿地从行政相对人处获取金钱或实物,实现财产的单向流转,这种无偿性,根源于行政征收旨在满足国家和社会公共利益的需求,是行政相对人为公共利益所作出的贡献。

(三)义务性

行政征收的实施,以相对方负有行政法上的缴纳义务为前提。征收对象特定为负有法定缴纳义务的公民或组织,行政机关仅能对这部分相对人实施征收,这一特征,既体现了行政征收的针对性,也保障了征收活动的公

①李全锁,黄凯.论行政征收决定的私法效力[J].中国审判,2015(21).

正性与合理性。

二、行政征收的类型

(一)行政征税

行政征税,作为国家税务机关依凭行政权力,承载着国家财政运作与经济发展的核心职能。我国税法体系完善,税种繁多,涵盖了增值税、消费税、企业所得税、个人所得税等诸多方面,形成了一个全面而细致的税收网络。行政征税不仅有效地筹集了国家财政收入,为政府各项支出提供了坚实的物质基础,还发挥了宏观调控的杠杆作用,通过税率调整、税收优惠等手段,引导资源合理配置,促进经济结构优化。同时,它亦在微观层面调节社会经济生活,监督并管理社会经济活动,确保市场秩序的公平与正义,彰显出行政征税在国家治理中的多元功能与重要作用。

(二)行政征费

当前,行政征费主要划分为建设资金费、资源使用费及管理费。建设资金费的征收,旨在为国家重点建设项目提供资金保障,缓解建设资金短缺问题,推动国家基础设施建设与发展;资源使用费的征收,则旨在促进资源的合理利用与节约,引导相关单位或个人有序、高效、可持续地开发国有资源;管理费的征收,则用于支撑行政管理的实施与公益服务的提供,确保行政活动的顺利进行与公共利益的满足。这三类行政征费,各自承载着特定的政策目标与公共职能,共同构成了行政征费制度的完整框架,为国家的行政管理与经济发展提供了有力支撑。

第二节 行政给付

行政给付作为法治国家保障公民基本生存条件的行政法律制度,能够将社会资源与财富作适当的再分配,以满足社会大众特别是相对弱势地位者的需求;而且能够调控经济,促进经济的发展,实现整个社会的和谐,是政府保障社会弱势群体社会权利的重要职能活动,因此完善行政给付制度具有十分重要的意义。①

---

①陈媛.行政给付制度的法律探析[J].青海师范大学学报(哲学社会科学版),2014(02).

一、行政给付的特征

从行为主体来看，行政给付的实施主体系具有法定职责的行政机关及法律法规授权的组织。行政机关作为国家财政收支的管理者与执行者，天然具备实施行政给付的资格与权能；法律法规授权的组织，则在特定范围内承担起行政给付的职责，共同构建起行政给付的主体体系。在我国实践中，民政和劳动保障部门通常扮演着行政给付的主要角色，体现了国家对民生问题的深切关怀。

行政给付的对象具有特定性，这一制度并非面向全体公民，而是针对那些因特殊困难或特殊情况而陷入生活困境的个体。诸如失业、年老、疾病等不可抗力因素导致的丧失生活能力者，均属于行政给付的帮扶对象。组织通常不被纳入行政给付的对象范围，体现了行政给付对个体困境的精准关注与救助。

行政给付的内容聚焦于物质权益或与物质相关的权益。行政机关通过行政给付，为受助者提供必要的物质支持，帮助其缓解生活压力、渡过难关，这种物质支持既可以是直接的财物援助，如救助金、生活物资等；也可以是与财物紧密相关的其他利益，如免费教育、医疗救助等。行政给付内容的丰富性与多样性，确保了受助者能够根据自身需求获得最切实有效的帮助，体现了行政法的人文关怀与社会责任。

二、行政给付的形式

行政给付，作为政府履行社会责任、保障民生的重要手段，其形式多样且灵活。行政给付义务包括法定职责、协议和道义三种类型，进而形成垂直、水平和补充三种样态。[①]根据相关法律法规及实际运作情况，行政给付主要呈现为以下形式：

抚恤金，它针对因公或因病致残、死亡的行政相对人及其家属，提供经济上的支持，以维持其日常生活，包括死亡抚恤金、伤残抚恤金等，体现了国家对英雄模范及因公牺牲人员的深切关怀。

离退休金，这是针对达到退休年龄或符合退职条件的个人，由国家定期发放的保障性收入，包括军队离休干部、退休干部、无军籍退休职工以及地

①胡敏洁.我国行政给付义务类型化及其法律拘束[J].中国法学，2023(02).

方退休人员的工资性、福利性待遇,确保了老年人群体的基本生活需求。

最低生活保障费,它面向收入低于当地最低生活保障标准的自然人,无论是城市还是农村,只要符合条件,均可获得国家的经济援助,以维持其最低生活标准,彰显了社会公平与正义。

自然灾害救济,当自然灾害如地震、洪涝等突发时,国家迅速启动救济机制,为灾民提供必要的物资与资金支持,帮助他们渡过难关,重建家园,体现了国家应对突发事件的应急能力与人文关怀。

行政给付还包括其他多种临时性或政策性的给付形式,如针对特定群体的生活补助、政策激励等,这些给付形式根据社会发展的需要不断调整与优化,以满足人民群众日益增长的多元化需求,展现了行政给付制度的灵活性与时代性。

第三节 行政奖励

一、行政奖励的特征

从实施主体来看,行政奖励的主体必定是行政主体,这一特征确保了奖励行为的权威性与合法性。行政主体,包括国家机关以及经法律法规授权的社会组织,凭借其法定的行政权力与职责,成为实施行政奖励的适格主体,从而保障了奖励行为的公信力与执行力。

行政奖励的内容丰富多样,涵盖了物质利益与精神利益的双重维度。物质奖励,如奖金、奖品等,直接改善受奖励者的物质条件;精神奖励,如荣誉称号、表彰通报等,则满足受奖励者的精神需求,提升其社会地位与声誉,这种物质与精神相结合的奖励方式,旨在全方位地表彰先进、激励后进,有效调动社会各界的积极性与创造力,促进社会整体进步。

行政奖励作为一种具体行政行为,其本质在于赋予受奖励者以奖励性权利,而非强制其履行特定义务,这一特征赋予了受奖励者选择的自由,即其可以根据自身意愿接受或放弃奖励,体现了行政法上的自愿原则与尊重个体选择的精神。同时,行政奖励的非强制执行力也区别于行政处罚等强制性行政行为,使得奖励机制更加灵活、更具吸引力,有助于构建和谐的行政关系,推动行政目标的实现。

二、行政奖励的内容

行政奖励的内容，作为行政主体对受奖励者实施激励的具体体现，涵盖了多个维度，旨在全面、多元地表彰与激励先进。在物质性方面，行政奖励通过发放奖金、奖品等形式，直接改善受奖励者的经济状况，体现了对贡献的实质认可与回馈；精神性方面的奖励，则侧重于授予受奖励者法定的、社会公认的荣誉称号，提升其社会地位与声誉，满足其精神层面的追求与尊重；职务方面的奖励，如晋升职务或提高工资档次，不仅是对受奖励者能力与贡献的肯定，更是为其职业发展铺设更为广阔的道路，激发其持续奋斗的动力。

第四节 行政确认

一、行政确认的特征

行政确认作为行政法领域的一项重要制度，其特征鲜明且独具特色：①行政确认具有要式性，即其必须遵循严格的法定形式和程序，以书面形式作出，并确保时间、地点、日期、签名、印鉴等要件完备，这是其产生法律效力的前提；②行政确认表现为一种羁束性行政行为，它严格受限于既存事实和技术性规范，行政主体在确认过程中需客观、公正地宣告特定的法律事实或法律关系，自由裁量的空间极为有限；③行政确认的外在形式多体现为技术鉴定书等，这凸显了其技术性和专业性，同时也意味着其在实施过程中需严格遵循相关技术规范，确保确认结果的准确性和权威性。

二、行政确认的分类

(一)根据确认行为的内容

1.法律事实的确认

法律事实的确认是行政主体依法对特定事实进行的全面、细致、客观的甄别与认定过程。法律事实的确认囊括了诸如技术鉴定、卫生检疫以及抚恤性质和等级的鉴定等多个领域，每一环节都需严格遵循法定程序和专业标准。技术鉴定确保产品合规、责任明晰；卫生检疫守护公共卫生安全；抚恤鉴定则关乎个人权益与社会公正。

2.法律关系的确认

法律关系的确认在行政确认中占据着核心地位,它关乎行政相对人权利义务的明确与界定。对于不动产而言,行政机关通过法定程序,对土地、草原、山林、水面等自然资源的所有权,以及个人房屋的所有权进行确认,为产权保护提供了法律基础。同时,对自然资源使用权、房屋使用权的确认,则确保了资源利用的合法性与有序性。在知识产权领域,专利管理机关通过颁发专利证书,对公民或社会组织的专利权予以确认,有效保障了创新成果的法律地位与商业价值,这些法律关系的确认,不仅维护了行政相对人的合法权益,也促进了社会经济的健康发展。

(二)根据确认行为的表现形式

1.确定

确定,作为行政主体的一项重要职能,通过一系列具体行政行为得以体现,如颁发土地使用权证、房屋所有权证等,这些行为不仅是对行政相对人财产权利的确认与保护,更是行政法治原则的具体实践。确定的过程需严格遵循法定程序,确保行政行为的合法性、公正性与权威性。通过确定,行政主体为行政相对人提供了稳定的法律预期,促进了社会资源的合理配置与有效利用,同时也为行政管理与司法裁判提供了明确的依据,有力维护了社会秩序的和谐与稳定。

2.认定(认证)

认定(认证)的核心在于对公民或社会组织既有的法律地位、权利义务进行权威性的判定,并确认相关事项是否满足法律规定的标准与要求。通过出具道路交通事故责任认定书、产品质量认证书等行政确认文件,行政主体为相关争议提供了明确的法律依据,有效保障了行政相对人的合法权益,同时也促进了社会公信力的提升。

3.证明

证明具有极强的法律效力和社会公信力。通过颁发各类学历学位证明、居民身份证明、货物原产地证明以及卫生合格证明等行政确认文件,行政主体不仅为行政相对人提供了权威性的身份认证和资质认可,也为市场交易、国际贸易、公共卫生等领域提供了必要的信任基础,这些证明文件的出具,严格遵循法定程序和专业标准,确保了信息的真实性与准确性,有效维护了社会秩序和公共利益,促进了经济社会的健康发展。

4.登记

登记的本质在于根据行政相对人的申请,将特定事实状况记载于行政管理部门的相关登记账簿之中,从而实现对行政相对人法律地位的确认与公示,这一过程涵盖了工商企业登记、纳税登记、房屋产权登记、户口登记以及婚姻登记等多个领域,不仅为行政相对人提供了合法的身份认证和权益保障,也为政府管理、市场监管、社会服务等方面提供了基础数据支持。

5.鉴证

鉴证不仅涉及对合同、协议等法律文件的形式审查,更需对其内容是否合乎法律法规、是否体现双方真实意愿、是否具备履行条件等进行全面评估。通过鉴证,行政主体为市场交易的公平、公正提供了有力保障,有效降低了法律风险,增强了社会信任。同时,鉴证行为也促进了行政主体自身依法行政能力的提升,确保了行政权力的规范运行,是构建法治社会、优化营商环境不可或缺的一环。

(三)根据确认行为的实施领域

1.公安行政确认

公安行政确认,作为公安机关在履行行政管理职能过程中的一项重要行为,其内涵丰富且意义重大。它主要包括:①对交通事故责任的权威认定,确保事故处理公正合理;②对交通事故等级的客观确认,为事故后续处理提供科学依据;③对火灾事故责任的严谨认定,保障受害者权益,促进消防安全责任落实;④以及对公安行政管理中涉及特定人员的精神病鉴定,确保行政决策的人文关怀与合法性。

2.劳动行政确认

劳动行政确认主要包括:①相关行政管理部门对劳动者伤亡事故责任的权威认定,确保了事故处理的公正性与合理性;②对锅炉压力容器事故责任的严谨确认,强化了安全生产责任制的落实;③对重大责任事故的严肃认定,维护了劳动秩序与社会稳定;④对无效劳动合同的明确认定,保障了劳动者的合法权益,促进了劳动关系的和谐发展。

3.卫生行政确认

卫生行政确认主要包括:①对新药或进口药品的严格认定,确保药品的安全有效,守护民众健康;②对食品卫生、化妆品卫生的细致确认,从源头上把控产品质量,预防疾病传播,提升公共卫生水平。

三、行政确认的程序

(一)立案或受理确认申请

立案或受理确认申请,作为行政确认程序正式启动的关键节点,承载着确保行政行为合法性与效率性的双重使命。行政主体承担着对申请材料进行初步形式审查的责任,旨在判断申请是否满足基本的法定要求与程序规范。为确保行政确认活动的正当性,立案或受理必须严格遵循相应条件:①行政机关需具备相应的主体资格及明确的管辖权范畴,以确保其行为的权威性与适用法律的准确性;②行政确认的内容必须严格限定在法律规定的框架之内,维护法制统一与公平正义;③申请人需符合法律设定的资格条件,确保行政资源的合理配置;④提交的手续应当全面、完备,以保障行政程序的顺畅推进。这些条件的严格满足,不仅促进了行政效率的提升,也为行政确认决定的合法性与正当性奠定了坚实基础。

(二)调查取证

行政机关在履行调查取证职责时,应遵循全面、客观、公正的原则,综合运用多种手段,包括但不限于询问证人以获取直接言词证据,实施现场勘验以固定物证状态,委托专业机构进行鉴定以明确事实真相,以及充分听取当事人陈述以保障其合法权益。申请人作为行政程序的参与方,亦负有积极配合行政机关调查取证的义务,应主动提供相关信息与材料,协助行政机关查清事实。

(三)作出行政确认决定,颁发确认证书

在全面审视并严谨分析通过调查取证所汇集的各类证据材料基础上,行政主体将依据法定标准与程序,对案件事实作出客观、公正的认定结论。

此环节是行政确认程序中的关键一步,直接关乎行政确认决定的合法性与正当性。一旦行政确认成立,行政机关需即时履行其职责,向申请人正式颁发行政确认证书,并依法进行宣告,以明确权利与义务的状态,保障行政相对人的合法权益,这一举措不仅体现了行政机关的公信力与执行力,也是行政法治原则的具体实践,有助于维护社会秩序的稳定与公共利益的实现,彰显了行政确认制度在行政管理中的重要作用与价值。

第九章 行政合同

行政合同作为一种灵活而高效的行政管理手段，逐渐成为政府与社会、公民之间沟通与合作的重要桥梁。行政合同体现行政权力的运行特点，为行政目标的实现提供新路径。本章探讨行政合同的各个方面，从概述其基本概念、特征到深入分析其种类、权利义务关系，再到阐述行政合同应遵循的基本原则，最后聚焦行政合同的订立、变更、解除和终止等关键环节。

第一节 行政合同概述

行政合同也称为行政契约或公法合同，是指行政主体为实现行政管理目的，与行政相对人经过协商一致所签订的书面协议。行政合同是公法与私法相互渗透、公法精神与契约自由相结合的产物。

在国家的行政管理中，行政机关与行政相对人之间以及行政机关之间，除了存在管理与被管理的关系外，还包含平等的合作与协商关系。行政机关所实施的行政行为可分为两类：一类是行政机关单方面行为，即行政机关可在不与对方当事人协商的情况下独立作出决定；另一类是行政机关在执行公务时需要与行政相对人协商，并在达成一致后方可实施的行为，这类行为也被称为行政合同行为。

行政合同作为一种双方行为，是双方当事人意思表示一致的协议。这是行政合同区别于其他行政行为的最显著特征。一般行政行为只需行政主体一方作出决定便可形成，而行政合同则不同，它具备一般合同的基本属性，即合同必须由双方当事人达成合意方能成立。相较于单方行政行为，行政合同行为更能激发行政相对人的积极性和创造性，有助于行政管理目标的实现。因此，行政合同作为一种重要的现代行政管理手段，被行政机关广泛应用。

一、行政合同的特征

（一）行政合同的一方必须是行政主体

行政合同是行政主体行使行政权力、开展行政管理活动的一种具体方式。作为行政合同的发起者,行政主体自然成为合同的一方当事人。具体来说,行政主体可以与行政相对人之间签订行政合同,也可以在不同的行政机关之间签订。然而,行政合同无法在个人之间签订。例如,行政机关以民事主体身份订立的合同,如购买办公设备等,便不属于行政合同的范畴。只有行政机关以行政主体的身份与被管理的公民、法人或其他组织,或与其他行政机关之间签订的合同,才被认定为行政合同。行政主体的身份是行政合同成立的基本前提,这也是行政合同与民事合同的显著区别之一。

(二)行政合同的内容具有公益性

行政合同的一个重要特征是其内容具有明确的公益性。行政主体在签订行政合同时,通常是为了执行公务、实现特定的国家行政管理目标。行政合同的目的是服务于公共事务的管理,而非私人利益的实现。因此,行政合同的内容通常涉及的是国家与社会的公共事务,而不是单纯的私法上的权利与义务。如果合同的内容仅限于民事法领域的权利义务关系,它便不再是行政合同,而应当属于民事合同范畴。行政合同的公益性要求其内容必须符合法律法规的相关规定,这决定了合同双方不具有完全的自由处分权。换言之,行政合同在内容上必须遵循行政管理的法律框架,确保其在执行过程中有利于公共利益的实现,而不仅仅是个人或特定团体的利益。

(三)行政主体在合同履行中的行政优益权

行政合同作为一种特殊的合同形式,其目的通常是为了实现公共利益,因此,它的存在和履行需要特殊的保障措施。在行政合同的签订和履行过程中,行政主体拥有一定的行政优益权。行政优益权是一种行政特权,表现为行政主体在合同履行过程中的监督、指导权、单方变更或解除合同的权利,以及对违约方的制裁权。

行政优益权体现在行政主体对合同履行过程的监督与指导上,这使得行政主体可以依据公共利益的需要对合同的内容、执行方式等进行调整。此外,行政主体还具有单方面变更或解除合同的权利,尤其是在公共利益发生变化或对方违约的情况下。值得注意的是,行政主体行使行政优益权必须以公共利益为前提,且必须遵循公平、合理和合法的原则。行政主体不得因行政相对人的无过错而随意变更或解除合同,从而给相对方造成财产损失;如果出现这种情况,行政主体应依法进行赔偿。

作为行政合同的一方当事人，公民、法人或其他组织并不享有与行政主体相同的单方变更或解除合同的权利。换句话说，行政合同中的一方当事人，除非有法定原因或行政主体同意，否则不能单方面改变或解除合同。

（四）行政合同纠纷的解决方式

行政合同作为行政行为的一种形式，其在签订、履行和纠纷解决过程中，均受行政法的调整与规范。因此，在发生行政合同纠纷时，相关当事人应根据行政法的规定和原则，采取相应的行政救济途径解决争议。行政救济的主要方式包括申请行政复议和提起行政诉讼。首先，行政复议是行政法中的一种重要救济手段，旨在通过行政机关对具体行政行为进行重新审查，以解决合同履行中出现的争议。其次，如果行政复议未能解决纠纷，或者当事人对复议结果不满，可以进一步提起行政诉讼，通过法院依法审理和裁决来解决纠纷。行政合同纠纷的解决通常要遵循行政法的程序性要求，确保各方权益得到公平、公正的对待。

二、行政合同的作用

行政合同作为一种富有弹性和灵活性的管理形式，既是对行政命令、行政处罚、行政强制等传统管理手段的重要补充，也是现代行政管理实践中的一项创新举措。行政合同的特点在于，它既包含了双方当事人的自由协商，又体现了行政机关的行政优益权，是行政机关与行政相对人之间有机结合的一种管理方式。随着现代各国民主政治的不断发展，传统的单方行政行为已经难以完全适应复杂的社会需求。正因如此，行政合同逐渐发展起来，并在国家行政管理中发挥着越来越重要的作用。

首先，订立行政合同有助于更好地实现国家行政管理目标。在行政合同的订立过程中，行政主体可以通过与行政相对人协商，将国家的行政管理目标具体化，进而使这些目标通过合同的形式得到落实。这一过程中，行政机关能够根据实际情况的变化，行使行政优益权，对合同的内容进行修改、终止或撤销，从而确保行政合同履行过程中各项事务符合所设定的行政目标要求。因此，行政合同在实现行政管理目标方面发挥着不可忽视的作用，它不仅是行政命令的延伸，也使得行政过程更加灵活、适应性更强。

其次，行政合同的订立能够更好地激发行政相对人的积极性和创造性。

不同于行政命令那种单方面强制的管理方式，行政合同是一种由双方当事人自愿协商达成的协议，双方在合同中表达了共同的意愿和承诺。这种基于平等协商的管理方式，使得行政相对人的意志在合同中得到了体现，从而增强了其主动参与和配合的动力。行政合同通常会赋予行政相对人一定的利益和优惠，例如，保障其获得报酬、请求赔偿或补偿等权益。这些权益的保障，不仅有助于激发行政相对人的积极性，还能增强其创新性和履约的动力，促使其更好地履行合同义务。因此，行政合同的订立不仅有利于行政目标的实现，也有助于发挥行政相对人参与管理的创造性。

第二节 行政合同的种类及权利义务

一、行政合同的种类

（一）国家征购订货合同

在我国，国家征购订货合同通常指的是农村粮棉订购合同。粮棉订购合同旨在确保国家和人民对粮食的需求能够得到满足，其内容包括国家为粮食种植提供优惠条件，并保证收购，农民在交纳粮食后取得相应报酬。该合同是由各级人民政府及主管部门与农民之间就粮食种植、订购等事项达成的协议。这种行政合同通过保障粮食生产和供应链的稳定，不仅能有效地解决农民销售粮食的渠道问题，同时也是国家对农业生产进行调控的一项重要措施。粮棉订购合同与其他市场化交易具有显著不同之处，因为其在定价、供需调节等方面具有政府主导的特征。

（二）国家科研合同

国家科研合同是指由国家科研管理机关代表国家与科研机构之间签订的由国家提供资助，科研机构提供相关科研项目研究成果的合同。这类合同是行政合同在科技领域中的具体运用，它以公共利益为目的，主要是为了保证完成某项与国计民生有重大关系的科研技术项目的开发和利用，推动科技创新，促进国家政治、经济、文化等方面的发展，因此与民法所调整的技术开发合同、技术咨询合同、技术转让合同、技术服务合同是不同的[①]。

---

①丁友军.行政合同的分层处理[J].法制博览，2021(13).

（三）国有土地使用权出让合同

国有土地使用权出让合同是指土地管理部门和土地使用者签订的，由国家以土地所有者身份将国有土地使用权在一定期限内出让于土地使用者，土地使用者支付土地使用权出让金并按合同的规定开发利用国有土地的合同。土地管理部门对合同的履行具有监督权，对使用者没有按合同的约定开发利用土地或者改变土地用途的，有权给予行政处罚。国有土地出让合同是一种比较典型的行政合同。

（四）公共工程承包合同

公共工程承包合同是行政机关为满足公共利益需求，与建筑企业或其他相关单位签订的关于建设公共设施的协议。此类合同通常涉及重要的基础设施项目，如大型水电工程、铁路运输工程、桥梁建设等。行政机关作为甲方，承担着项目的总体规划与监督责任，而承包方则负责具体的工程施工与执行。公共工程承包合同的签订不仅要确保项目的质量和安全，还要符合环保、节能等方面的法规要求，以实现社会资源的最优化利用。

（五）行政补偿合同

行政补偿合同是行政机关为维护社会公共利益，对因依法征收、征用公民、法人或其他社会组织的财产而作出的补偿性协议。此类合同通常涉及行政机关在执行职务时，由于公共事务的需要，依法对特定无过错主体造成经济损失的情况进行补偿。行政补偿合同的存在主要体现在城市改造、拆迁、水利建设、交通基础设施等领域。例如，当政府征用土地或拆迁房屋时，会根据法律规定和相关政策，对被征收人或被拆迁人进行经济补偿或安置。补偿内容通常包括财产价值的赔偿、搬迁费用，以及由于征收或拆迁所造成的其他损失的补偿。补偿协议的签订应确保公民的合法权益不受侵害，并通过公开、公平的方式处理相关事务。

（六）公务委托合同

公务委托合同是指行政机关之间，或行政机关与依法成立的具有管理公共事务职能的事业组织之间，为建立行政事务委托关系而签订的协议。此类合同一般用于行政机关无法直接完成某些公务任务时，通过委托其他机构或组织来实施特定的行政职能。例如,交通管理部门与公路部门之间签订的合同,目的是为保障交通安全,协同开展公路巡查与维护工作;又如,某些行政机关可能委托符合法定条件的社会组织来执行行政处罚任务或其他法定职责。在这些情况下,委托方与受托方之间的权利和义务会通过合同条款明确,以确保行政工作的顺利进行。

二、行政合同双方的权利义务

(一)行政合同中行政主体的权利义务

1.行政合同中行政主体的权利

在行政合同中,行政主体享有多种权利,具体包括以下方面:

(1)选择合同相对人的权利。行政主体有权根据法律规定和合同需求,自由选择与之签订合同的相对方。选择的过程中,行政主体需确保其选择的相对方符合相关法律法规及规定,且具有履行合同的能力和条件。

(2)对合同履行的监督和指挥权。行政主体有权对合同履行的全过程进行监督和指导。这包括对合同相对方履行合同义务的检查、评估以及必要时的干预,以确保合同的顺利执行。

(3)单方变更或解除合同的权利。行政主体可以依据法律或合同中的特定条款,单方决定变更或解除合同。在此过程中,行政主体应遵循法定程序,并对变更或解除的理由作出充分解释。

(4)对违反合同约定的行政相对人的制裁权。当合同相对人未按合同约定履行义务时,行政主体有权依据合同条款及相关法律法规,对违约方进行制裁。这些制裁措施可能包括罚款、责令改正或其他行政处罚。

2.行政合同中行政主体的义务

(1)依法履行合同,保证兑现应给予合同相对人优惠的义务。行政主体必须遵守合同约定,履行所有应尽的义务,尤其是在合同中明确给予对方优惠的条款。此义务体现了行政主体的诚信和履约精神。

(2)因特权对合同相对人的物质利益造成损害给予补偿的义务。行政主体在行使权力或特权时,如因政策调整或行政决定对合同相对人的物质利益造成损失,应依法承担相应的补偿责任。

(3)按照合同约定给付报酬的义务。行政主体有义务按照合同的约定,及时向合同相对方支付报酬。无论是服务报酬、物资支付还是其他形式的报酬,行政主体都应确保支付的合法性、及时性和充分性。

(4)因过错对合同相对人的物质利益造成损害给予赔偿的义务。如果行政主体因自身过错导致合同相对人遭受损失,行政主体应根据法律规定和合同条款,承担相应的赔偿责任。这包括对实际损失的赔偿及合理的赔偿金额。

(二)行政合同中行政相对人的权利义务

1.行政合同中行政相对人的权利

(1)取得合理报酬的权利。行政相对人有权依据合同的约定,获得公平、合理的报酬。这一权利保障了行政相对人的合法利益,确保其付出与回报相称。

(2)要求给予物质损害赔偿或补偿的权利。如果行政主体的行为导致行政相对人遭受物质损害,行政相对人有权要求赔偿或补偿。这可以包括直接的经济赔偿,也可以是通过其他方式进行的弥补。

(3)因不可预见的困难而造成损失的补偿权。在合同履行过程中,如因不可预见的情况(如自然灾害、政策变动等)导致行政相对人无法按时履约或遭受损失,行政相对人有权要求补偿其因此遭受的损失。

2.行政合同中行政相对人的义务

(1)按照合同规定的条件、期限认真履行合同的义务。行政相对人必须严格按照合同的约定,履行合同义务。这不仅包括履行具体的工作任务,还包括在合同期限内完成相关事项,保证合同的顺利实施。

(2)接受行政主体的监督、指挥以及依法实施的制裁的义务。行政相对人应当接受行政主体在合同履行过程中所进行的监督和指挥。此外,若合同相对人未按合同履行义务或存在违法行为,行政相对人也需接受行政主体依法实施的制裁措施。

第三节 行政合同的基本原则

行政合同的原则是行政合同在订立、履行、变更和解除过程中应当遵循的基本准则,也是解释行政合同条款和解决行政合同争议时应当考虑的基本指导思想。同时,行政合同的原则还可以起到弥补行政合同法律规定不完善的功能。

一、适应行政需要订立原则

行政主体在订立行政合同时,必须基于行政管理的实际需要,而不能随意进行。具体来说,行政主体与行政相对人之间所签订的行政合同,虽然不一定要求有明确的法律条文规定,但必须遵循相关法律法规的基本原则,并且应有利于实现行政管理的目标。这一原则要求行政主体在制定合同内容和选择合同相对方时,必须考虑到行政管理的实际需求,确保合同的签订与行政管理的职能、目标紧密相连。只有在满足行政需要的前提下,行政合同才能发挥其应有的效力,并为行政管理提供有力支持。

二、公开竞争原则

公开竞争的原则要求行政合同的订立应当建立在公平、公正、公开的竞争基础之上。这不仅是行政公开原则在行政合同订立过程中的具体体现,也是民事合同原则在行政合同中应用的体现。根据这一原则,行政主体必须事先公开相关的行政事务,明确可以通过行政合同来完成的具体任务,以保障行政相对人的知情权和选择权。这种做法能够确保所有潜在的行政相对人都有平等的机会参与竞争,从而提升行政合同的透明度和公正性。

行政主体在选择行政相对人时,应当在平等对待各方的基础上,根据各方提出的具体方案及其实施条件,选择最具能力、最符合行政管理目标的行政相对人作为合同的合作方。公开竞争的原则不仅有助于提高行政主体的决策透明度,减少因不公平或不透明导致的行政腐败,还能有效降低行政成本,提高行政效率,从而更好地实现行政管理目标。

三、内容与形式合法原则

行政主体与行政相对人订立行政合同时,必须确保合同的内容和形式符合相关法律法规的规定,并且满足一般合同的形式要求。具体来说,行政主体作为合同的一方当事人,必须在其职权范围内订立行政合同,即只能在法律赋予其的权限和职责范围内行使签订合同的权利。如果行政主体超出其职权范围订立合同,则该合同应视为无效。行政合同的内容不得违反国家法律法规的强制性规定,任何被法律明令禁止的行为或事项,行政主体都不得与行政相对人订立合同。此外，虽然行政合同属于特殊合同，但其形式要件与一般合同应当保持一致。例如，合同的书面形式、签署程序等，行政合同也应当具备这些基本的法律要求。

四、全面履行原则

全面履行原则要求行政主体与行政相对人在行政合同成立后，必须按照合同的约定，全面履行合同中规定的所有事项。换句话说，合同双方不得只履行部分条款，忽视或者拒绝履行其他条款。行政合同一旦生效，对双方当事人具有约束力，双方应当全面、及时且正确地履行合同义务。如果其中一方未能履行合同，另一方有权要求其履行相应的合同责任。同时，行政主体还享有监督和控制的权力，对于不适当履行合同的相对人，行政主体有权采取必要的行政手段进行制裁，保障行政合同的顺利履行和有效性。

五、公益优先原则

公益优先原则是指在行政合同履行过程中，行政主体可以根据公共利益的需要，单方面变更或解除行政合同。公共利益通常是指对社会整体有利的目标或事业，它涵盖了社会成员的共同利益和长远利益。在行政合同的履行过程中，行政主体可能因公共利益的需要，而作出变更或解除合同的决策。然而，公益优先并不意味着完全忽视私人利益的保护。虽然行政主体有权调整合同以维护公共利益，但在这一过程中，应当对因合同变更或解除而遭受经济损失的行政相对人提供合理的行政补偿。这种补偿不仅是对私人利益的保护，也是确保公共政策得以有效实施的重要措施。

第四节 行政合同的订立、变更、解除和终止

一、行政合同的订立

（一）招标

在采用招标方式订立行政合同时，行政机关必须遵循公开、公正、公平的原则。在相同条件下，行政机关只能与出价最高或要价最低的投标人签订合同。这意味着，行政机关不能随意选择具有最优条件的投标人之外的其他投标者来缔结合同。换句话说，招标的核心是依据投标人提供的价格

和条件来选择最合适的合作方，而非行政机关的主观选择权。

（二）拍卖

拍卖是另一种行政机关订立合同的方式。行政机关通过设定一定的规则和条件，邀请符合资格的竞拍人参与竞拍。最终，行政机关将选择出价最高的竞拍人与之缔结合同。与招标不同，拍卖不仅是在价格上有所要求，还涉及到竞拍的法律程序和契约形式。因此，拍卖的选择方式与招标相比，在程序上更为灵活，且通过竞价的方式筛选出合同的当事人。行政机关需要根据预设的标准，最终决定与哪一方签订合同。

（三）邀请发价

邀请发价是行政机关为了实现某一特定目标，在签订合同前向符合条件的相对方发出要约，提出合同的相关条件，并邀请其根据这些条件进行报价。行政机关在收到报价后，会综合考虑经济、技术、政治等多个因素，从中挑选出最为合适的行政相对方来签订合同。这种方式具有一定的灵活性，行政机关可以根据实际需求和市场情况调整合同条件，确保选择最符合行政需要的合同当事人。

（四）直接磋商

直接磋商是一种行政机关与特定行政相对方就行政合同的具体内容进行直接商谈的方式。在这种方式中，行政机关事先选定一个合适的行政相对方，然后与其进行直接沟通和协商，最终达成一致意见并缔结合同。直接磋商具有较大的灵活性，行政机关在选择合作方时享有最大的自由度。因此，这种方式在实际操作中较为常见，尤其适用于那些涉及较为复杂或特殊条件的行政合同。在直接磋商中，双方的意向和谈判成果是决定合同订立的关键因素。

二、行政合同的变更

行政合同的变更是指在行政合同履行过程中，行政主体根据其行使行政优益权或基于其他法律事实的变化，针对合同的主体、客体或内容的相关条款进行修改或补充，而不改变原合同的基本性质。行政合同的变更通常包括以下两种主要情况：第一，行政主体根据公共利益的需要，在不征得合同对方同意的情况下，单方面对合同进行变更。这种变更通常是为了更好地实现社会公共利益、维护行政管理的有效性或者应对突发事件的需求。第二，因某些特定的法律事实的发生，如不可抗力、政策调整、社会条件变化等，导致行政合同的履行条件发生根本性变化，从而需要对合同进行变更。这种变更通常是在合同当事人双方协商的基础上进行的。

一旦行政合同发生变更，原合同的履行将不再继续，双方当事人应根据变更后的合同条款行使权利和履行义务。如果行政主体单方面变更合同并因此给相对方造成了物质损失，行政主体应当按照法律规定给予相应的补偿。

三、行政合同的解除

行政合同的解除是指在行政合同履行过程中，当事人一方未能履行或未能全面履行合同时，双方当事人提前终止合同约定的权利与义务关系。

行政合同的解除主要有四种情形：①行政主体为了公共利益的需要而单方解除合同；②行政相对人提出解除合同的意思表示，在征得行政主体同意时解除合同；③由于不可抗力等原因使合同无法履行时解除合同；④由于合同一方违约致使合同履行成为不必要时解除合同。

行政合同解除后，双方的合同关系即告终止。若行政主体单方面解除合同并因此对行政相对人造成物质损失，行政主体应根据相关法律法规给予适当的补偿。

四、行政合同的终止

行政合同是行政主体与行政相对人之间在协商一致基础上达成的具有期限的法律关系。由于其具有时效性，行政合同并不能永久存续。因此，当合同期满或出现法律规定的其他终止事由时，合同双方当事人基于合同而产生的权利和义务会自动消失，合同关系随之终止。

行政合同的终止意味着合同双方不再承担继续履行合同的义务，各自的权利和义务随之消失。然而，如果在合同终止过程中一方因终止而受到损失，相关方应按照法律规定进行适当的补偿。

第十章 行政指导

行政指导作为现代政府柔性管理的重要手段，正以其独特的优势和魅力，在行政管理中发挥着越来越重要的作用。本章剖析行政指导的各个方面，从概述其基本概念、特征到深入探讨其种类与方式，再到阐述行政指导应遵循的基本原则及其在社会经济发展中的重要作用，最后聚焦于行政指导的救济机制，以保障行政相对人的合法权益。

第一节 行政指导概述

一、行政指导的概念

行政指导是指行政主体为了实现特定的行政管理目的，采用说服、教育、示范、劝告、建议、倡导、协商、鼓励、政策引导、提供经费帮助或者知识、技术支持等方式，作出的具有咨询、建议、诱导等性质的行政行为。

行政指导具有顺应政府改革趋势、丰富执法手段、保护公民权益的独特价值优势[①]，行政指导作为行政主体进行行政管理的一种灵活有效的柔性管理手段，是行政法中合作、协商的民主精神发展的结果，也是现代市场经济和社会发展的需要。在现代社会，由于社会经济生活日益复杂多样化，行政主体为了实现行政目标，兼顾国家利益、社会公共利益与个人利益，降低行政成本，采取积极的措施为行政相对人提供指导服务，既符合社会发展的要求，又体现了服务于社会的宗旨。

二、行政指导的特征

（一）行政指导的依据是法律法规和政策

行政指导属于“积极行政”的范畴，即使没有法律法规的明确规定也可

①程文昊，姬艳涛.论行政指导在公安舆情监管中的规范化应用[J].湖南警察学院学报，2024(03).

为之。在行政指导行为中，有的是具有明确、具体的法律依据的，有的则是基于法律原则、法律精神以及相应的国家政策而作出的。由于大多数行政指导都不是基于具体的法律规范而作出的，不会直接引起行政相对人的权利和义务的设立、变更，因此不会直接产生法律后果。

（二）行政指导不具有强制性

与具有强制性的一般行政行为不同，行政指导是一种不具有法律上强制性的行为。行政指导主要以指导、建议、劝告、警告、鼓动、指示等柔性的、非强制性的方式进行，并辅以利益诱导机制，向特定的行政相对人施加作用和影响，以促使相对人为一定行为或者不为一定行为，从而达到行政管理的目的。对于行政指导，行政相对人没有必须接受的义务，行政机关也没有强制实施的权力。对行政指导的响应与否，完全取决于行政相对人的自主选择，行政机关不能采取强迫的方式迫使行政相对人服从。

（三）行政指导的行为方式灵活多样

行政指导是适用范围广泛、方法灵活多样的自由裁量行为。由于法律没有对行政指导行为的具体方法作出明确的规定，行政主体往往根据其行政职能、管辖范围、行政目的、行政对象的不同特点，灵活采用指导、倡导、建议、劝告、告知、告诫、协商、示范、制定导向性政策、发布官方信息等各种具体行政指导方式，对广泛的社会公共管理需求作出及时的有针对性的反应。

行政指导特征表明，行政指导行为在行政行为体系中具有非常特殊的法律地位，它既不同于设立行为规范的行政立法行为，也不同于具有强制力的行政执法行为，又区别于直接产生法律效果的行政合同行为，而是一种具有非强制性、非规范性特点的，以服务于行政相对人为主旨的具体行政行为。

第二节 行政指导的种类与方式

一、行政指导的种类

（一）根据行政指导是否有具体的法律依据分类

根据行政指导是否具有具体的法律依据，可以将其分为有法律依据的行政指导和无法律依据的行政指导。

有法律依据的行政指导是指行政机关在进行指导时,依据法律法规、规章或政策等具有法律效力的文件,明确规定的行政指导。这类行政指导通常具有一定的强制性,其依据是公开透明的法律文件,具有一定的权威性和规范性。

无法律依据的行政指导,则是指行政机关在没有具体法律法规、规章明文规定的情况下,依据行政判断、政策导向或社会需要进行的行政指导。这类指导的法律效力较弱,更多依赖行政机关的政策目标和灵活性,虽然不具有强制性,但在实践中仍能发挥引导和规范作用。

(二)根据行政指导的指导层次分类

根据行政指导的指导层次,可以分为普遍性行政指导和个别性行政指导。

普遍性行政指导是指行政机关为广泛适用于不特定的行业、地区和行政相对人所进行的指导。例如,政府出台的某项具有全局性、长期性指导性计划,通常适用于多个行业或区域,旨在引导社会各界遵循某一统一的行为标准或发展方向。这种行政指导具有普遍性,涉及面广,影响深远,通常是在较高层次的法律法规或政策框架下进行的。

个别性行政指导则是行政机关针对特定的行业、地区或行政相对人,依据具体情况实施的行政指导。个别性行政指导更具针对性和操作性,它通常会通过具体的措施、规定或建议,直接影响某一特定领域或群体的行为。例如,某地方政府根据当地产业发展需要,提出的具有针对性的政策建议或引导意见,便属于个别性行政指导。个别性行政指导的实施更加灵活,注重细节,能够精准解决某一特定问题。

(三)根据行政指导的功能作用分类

以行政指导的功能作用为标准,可以分为规制性行政指导、调整性行政指导和促进性行政指导。

规制性行政指导是指行政机关为了维护社会公共利益,对妨碍社会秩序、危害公共利益的行为加以预防、规范、制约的行政指导,如为了抑制物价的混乱而采取的指导性价格。

调整性行政指导是指在行政相对人之间发生了利害冲突,而又自行协商不成的时候,由行政机关出面予以调停、沟通和劝导而实施的行政指导。

促进性行政指导，也称为助成性行政指导，是指以帮助和促进相对人自身利益或事业的发展为目的，鼓励行政相对人积极作为的行政指导。促进性行政指导通常附随补助金、奖励金或融资等利益。

二、行政指导的方式

目前，我国的行政指导方式主要有以下方面，涵盖不同层次和形式的引导与支持。

指导与辅导：行政部门通过直接指导和辅导，帮助相关单位或个人提升工作能力，明确发展方向，解决实际问题。这种方式通常以专家或经验丰富的人员为主导，结合具体情况进行个性化的帮助。

说服与告诫：通过言辞上的说服和警示，行政机关引导相关对象遵守法律法规，避免可能的错误或不当行为。说服往往侧重于理性和逻辑，告诫则更侧重于提醒和警示作用，目的在于确保社会规范和秩序的维护。

咨询与建议：行政机关提供专业的咨询服务，帮助社会各界获得必要的政策解读和操作建议。这种方式通常涉及专家学者或专业机构的参与，为实施各项政策提供指导性意见。

协商与沟通：通过协商和沟通，行政机关与社会各界或利益相关方建立起互动机制，共同探讨解决方案。这种方式通常注重平等对话，强调共同努力达成共识。

倡导、示范与推广：行政部门通过倡导某些先进理念或行为方式，并通过示范作用推动其在社会中的普及。这种方式有助于营造良好的社会氛围，引领大众在特定领域作出积极的变革。

表彰与奖励：通过表彰和奖励，行政机关对积极遵守政策和法规的个人或集体给予肯定，激励他们在未来继续发挥示范作用。此举不仅能鼓励先进，还能树立典型，形成社会上的正向激励机制。

协调与斡旋：在出现利益冲突或不同意见时，行政机关充当协调者或斡旋者的角色，通过调解各方关系，促进各方达成协议。这一方式体现了行政机关在社会管理中的中立性和公正性。

政策引导：通过政策的制定和引导，行政机关为社会各界提供明确的发展方向。这种方式通常依赖于长远的战略规划，确保社会发展符合国家总体发展目标。

经费帮助：行政机关通过提供财政资金支持，帮助特定行业或领域克服资金困难,推动各项政策的落实。这种方式对于一些需要资金投入的项目或行动尤为重要。

技术支持:行政部门为相关领域提供技术支持和解决方案,推动科技创新和技术升级。这种方式在当前社会信息化和技术化日益发展的背景下,尤为重要。

提出指导性计划:行政机关根据社会需求和发展趋势,提出具有指导性的计划和方案,为相关行业或领域的发展提供明确的步骤和方向。

发布行政信息:通过公开发布行政信息,行政机关提供政策法规、工作安排、项目进展等方面的信息,保障社会公众的知情权,促进政策的透明实施。

第三节 行政指导的原则与作用

一、行政指导的原则

行政指导的原则是实施行政指导所必须遵循的基本准则。贯彻行政指导的原则,有助于弥补行政指导法律规范的不足,保证行政指导行为的正确实施。

(一)自愿性原则

自愿性原则是指行政主体不能强制行政相对人接受行政指导,行政相对人对于行政指导是否认同和接受具有自主选择权。行政指导实质上是为行政相对人的决策提供了一个可选择的方案,但它对行政相对人如何选择只有说服力和影响力,而没有约束力。因此,在行政主体实施行政指导过程中,自愿性原则体现为行政相对人在非受到他人意志支配的情况下,完全出于自己的真实意思表示,自行选择接受行政指导,如果行政相对人拒绝接受行政指导,行政主体无权施以强制力,迫使行政相对人服从。

(二)合理性原则

合理性原则是指行政机关作出行政指导行为必须正当合理,客观适度、公正公平,易于被行政相对人所接受。行政指导只有在行政相对人自愿接受的情况下才能产生预期的效果,这就要求行政指导行为不仅要具有实质意义上的合法性,还必须具有合理性,必须符合科学规律和客观事实,必须公正、公平和民主,必须合乎情理,有说服力,使行政相对人愿意接受。合理性原则还要求行政主体在实施行政指导过程中正确行使自由裁量权,根据具体事项和行政相对人的具体情况,选择适当的行政指导方式,以促进行政指导目标的实现。

(三)合法性原则

作为一种具体的行政行为,行政指导同样也要受到法律的约束和调整。虽然在现代国家的行政管理中,即使没有行为法的依据,行政主体也要积极为社会提供服务,也可以为行政相对人提供行政指导和帮助,但不能因此而认为行政指导不需要任何法律依据和法律约束。行政指导毕竟是行政主体行使行政权力,对行政相对人产生一定影响的行政行为,它虽然可以没有行为法依据,但必须有组织法上的依据。按照合法性原则的要求,在有行为法依据的情况下,行政主体作出行政指导要遵从行为法上的规定,而不得与之相冲突;在无行为法依据的情况下,行政主体作出行政指导必须符合组织法规定的权限,凡超越组织法规定的权限范围所为的行政指导,即为无效的行政指导。同时,行政指导必须遵循法的一般原理与原则,符合法律的精神和目的,否则就是对行政法治的违背。

二、行政指导的作用

行政指导广泛运用于经济、科技和社会管理领域,发挥着多方面的作用。从我国目前行政指导的实践来看,符合现代行政民主和法治精神的行政指导,在现代行政管理过程中主要有以下方面的作用:

第一,行政指导对强制性法律手段的补充和替代作用。由于我国现阶段经济和社会生活的迅速发展,难免会出现立法滞后的现象,为了补充法律手段的不足,行政机关有必要及时灵活地采取行政指导措施调整有关事项。即使在某些已有具体法律规定的场合,如采用法律强制手段尚不必要或者可能效果更差时,也可以采取行政指导措施来替代法律手段进行调整,以便更有效地实现行政管理的目标。

第二,行政指导对社会生活的协调和疏导作用。在社会生活中,各种利益主体之间的矛盾和冲突是不可避免的。行政指导正是一种有效的协调和疏导社会矛盾与冲突的手段。由于行政指导的非强制性和自主选择性,使其在缓解和平衡各种利益主体间的矛盾和冲突中具有特别有效的协调平衡作用,特别是对于社会组织之间的冲突,更需要通过行政指导进行协调和斡旋。

第三,行政指导对经济发展的引导和促进作用。行政主体在掌握经济、科技信息和有关政策等方面具有优越性和宏观性,由其作出的行政指导行为能够合理有效地引导行政相对人对有关经济活动作出正确的选择,从而有利于促进社会经济与科技的健康发展,保障社会主义市场经济的顺利进行。

第四节 行政指导的救济

行政指导作为一种新型的行政管理手段,随着我国社会主义市场经济的深入发展和政府职能的转变,已在现代政府管理中占据了越来越重要的地位。随着其广泛应用,如何对行政指导行为进行有效的法律规制,如何为行政主体与行政相对人之间可能出现的纠纷提供公正和有效的解决途径,已经成为一个亟待解决的重要法律问题。这一问题的解决不仅关系到行政指导的健康发展,也关系到社会公平正义的实现。

虽然行政指导行为本质上是一种非强制性的行政行为,但事实上它具有一定程度的权力影响力。行政主体在作出行政指导后,行政相对人通常会依据指导内容采取相应的行动,并按行政指导要求进行操作。尽管如此,由于行政指导涉及多个方面的影响和多重不确定因素,行政指导行为与其他行政行为一样,也不可避免地可能发生违法、不当或失误的情况。当行政相对人因信赖行政机关的指导而遭受经济损失时,其合法权益应当得到保护。因此,必须对行政指导行为进行有效的法律救济,确保行政相对人能在遭受损害时获得公正的补偿和救济。

基于"有权利就有保护;有损害必有救济"的法治原则,行政相对人在遭受经济损失后,有权要求相关行政主体给予相应的赔偿或补偿。如果行政主体对于错误的行政指导不承担任何责任,既不符合公平原则,也不利于行政指导的健康发展。在这种情况下,行政主体应承担责任,通过承担赔偿责任来促进行政指导质量的提升,避免行政指导的滥用,进而保护行政相对人的合法权益。

通常情况下,行政主体通过行政指导给行政相对人造成的损害主要有以下情况:第一,行政主体因信息或情报错误作出不当指导。在此类情况下,行政主体由于掌握的信息或情报有误,导致其作出不当的行政指导,从而给被指导者造成了经济损失。根据相关法律原则,行政主体应承担一定的补偿责任。行政相对人可依据法律规定要求行政主体进行合理的赔偿。第二,行政主体的行政指导本身无瑕疵,但接受指导者因其他原因遭受损失。在此种情形下,行政指导本身没有违法或不当之处,但由于接受指导者面临其他外部因素或市场波动等原因,仍然遭受了经济损失。例如,农民接受农业部门的指导栽种了某种新引进的农作物,但因销售渠道不畅,导致重大损失。尽管农业部门的行政指导与农民的损失之间没有直接的因果关系,但根据信赖保护原则,农民可以请求行政主体提供一定的补偿。第三,行政主体作出的行政指导内容违法,并导致经济损失。若行政主体作出的行政指导违反了法律规定,且该违法指导行为直接导致了接受指导者的经济损失,那么行政主体应当承担全部的赔偿责任。在此情况下,行政指导行为不仅应当受到规制,还应纳入行政诉讼的范围,接受法律的审查与纠正。第四,行政主体以行政指导之名行行政命令之实。有时,行政主体可能借行政指导之名,行使行政命令的权力,导致行政相对人遭受经济损失。在此类情况下,行政指导实际上变成了具有强制性质的行为,行政相对人应当有权通过行政复议或行政诉讼等途径寻求法律救济。这不仅是为了保护行政相对人的权益,也是为了防止行政主体滥用权力。

总之,行政指导虽然不具备强制性,但其背后往往具有行政权力的影响力。为了确保行政指导行为的公正性与合规性,必须对其进行有效的法律规制,并为行政相对人提供公正的救济途径。这不仅能提升行政指导的质量,防止行政行为的滥用,还能更好地保护公众的合法权益,维护社会的公平正义。

第十一章 行政程序

本章重点分析行政程序的基本原理，阐明其在维护行政行为合法性和规范性方面的作用，介绍行政程序法的基本制度，梳理其对行政行为透明性、公正性和效率性的保障机制，探讨行政程序法的完善与优化，从制度创新、程序简化和法律监督等角度分析如何提升行政程序的规范性和适应性。

第一节 行政程序的基本原理

一、行政程序的内涵解读

关于行政程序的内涵在学术界中存在着多维度的解读，主要包括两种观点：①将行政程序局限于行政行为的程序范畴内，强调其作为行政行为规范化、有序化的外在表现形式，按照这一观点，非行政行为虽也可能伴随程序性要素，但这些并不被纳入行政程序的考量之中，从而保持了行政程序概念的纯粹性与特定性；②行政程序不仅涵盖行政行为的程序，还广泛涉及解决行政案件的程序，乃至整个行政活动的流程与规范，这一扩展不仅拓宽了行政程序的研究视野，也反映了现代行政法对于行政过程全面规制的趋势。

在现代行政法学的语境下，行政程序被定义为行政主体在行使行政职权、开展行政活动时所遵循的一系列步骤、方式、时限和顺序的总和，这一定义深刻揭示了行政程序的三个核心特征：①它强调了行政程序是行政主体行使职权的过程，但这一过程并非单向度的，而是包含了行政相对人的参与与互动，体现了行政活动的双边性与互动性；②行政程序的范畴不再局限于行政行为的作出，而是扩展至行政主体所有行使职权的活动，无论这些活动是否直接产生行政行为，均被纳入行政程序的考察范围；③行政程序的构成要素——步骤、方式、时限、顺序——共同构成了行政活动有序进行的框架，它们相互关联、相互作用，确保了行政活动的合法性与效率性。

行政程序在整体上呈现为一个动态、连续的过程。为了分析的需要，可以将其分解为若干步骤或阶段，如行政许可程序中的申请、受理、审查、决定等环节，但这些环节并非孤立存在，而是相互联系、相互衔接，共同构成了行政主体运用行政职权进行行政活动的完整链条，这种整体性与连续性不仅体现了行政程序的系统性特征，也强调了行政活动在程序上的统一性与协调性。

二、正当法律程序原则

行政程序作为行政活动不可或缺的组成部分，其结构化、序列化的特性构成了行政行为发生的框架与脉络，而行政行为则是这一系列程序逻辑的终端产物。在当代行政法的理论与实践中，不仅强调行政行为结果的合法性，更将行政过程的正当性提升至核心地位，这一理念集中体现为“正当法律程序原则”。

正当法律程序原则，根植于英美法系中的“自然正义”传统，其哲学基础深植于对公正本质的深刻理解，即通过两项核心原则——避免自我裁决与确保公正听证，构建了程序正义的基本框架。随着法治理念的全球传播与深化，该原则跨越国界，成为众多国家行政程序立法的基石，标志着行政法治化进程的一个重要里程碑。

随着时代的发展，正当法律程序原则的内涵不断延展，超越了最初仅限于生命、自由、财产权剥夺场合的听证要求，演化为一套涵盖行政活动全过程的程序正义标准。在现代行政法学视野下，它要求行政主体在行使公权力时，必须遵循一系列基本程序规范，诸如信息的公开透明、事先告知义务、听证机会的保障、决策理由的充分阐述、利害关系人的回避机制以及事后救济途径的提供等，这些要素共同构成了正当法律程序原则的丰富内涵，旨在确保行政决定的公正性、合理性与可接受性，进而促进政府与公民之间的信任与合作，为行政权力的合法、有效运行奠定了坚实的基础。

三、行政程序的分类

（一）微观行政程序与宏观行政程序

行政程序依据其作用范围与层次差异，可细致区分为微观行政程序与宏观行政程序两大维度。微观行政程序聚焦于行政机关执行具体行政行为时的程序性规范，诸如听证、意见征询等步骤，确保单一行政行为的合法性与合理性；宏观行政程序是一个更为宽广的概念，它囊括了为实现特定行政目标而依次展开的一系列行政活动及其程序链条，这包括行政立法的前置准备、行政调查的实施、处罚决定的作出乃至后续的强制执行与争议解决机制，如行政复议与诉讼等。宏观行政程序以其整体性、连续性特征，展现了行政活动围绕既定目标动态推进的全过程，忽视这一宏观视角，将难以全面洞悉行政法运行的复杂机理与全貌，因而，将微观与宏观程序并重考察，是深入理解行政法现象、促进依法行政的必然要求。

（二）法定行政程序与裁量行政程序

依据行政程序是否具备法定性特征，可将其划分为法定行政程序与裁量行政程序两大类别。法定行政程序，作为行政法治原则的具体体现，要求行政主体在行使职权时，必须严格遵循法律预先设定的步骤、方式、时限及顺序，任何偏离法定轨道的行为均将被视为违法，从而确保了行政活动的规范性与可预测性；裁量行政程序赋予了行政主体在程序选择上的灵活性，即在法律未予明确规定的情况下，行政主体需依据行政活动的具体情境，合理运用裁量权，自主决定程序的适用，以实现行政目标的效率与公正。

（三）内部行政程序与外部行政程序

依据行政程序所涉对象及影响范围的不同，可将其明确区分为内部行政程序与外部行政程序两大范畴。内部行政程序，专注于行政系统内部的组织管理与运作流程，如层级监督、内部文件流转等，其运行主要关乎行政效率与内部秩序，对外部行政相对人的权利义务不产生直接的法律效果；外部行政程序是行政主体对外行使公权力、直接作用于行政相对人的过程，如行政许可、行政处罚等，此类程序直接关乎公民、法人或其他组织的权益变动，因此，从法治原则出发，外部行政程序需接受更为严格的法律规制，确保其合法性、公正性与透明度，以保障相对人的合法权益不受侵害，进而维护社会秩序与公共利益。

（四）事前行政程序与事后行政程序

以行政行为决定的形成与执行为时间节点，行政程序可被划分为事前行政程序与事后行政程序两大板块，构成了行政活动过程的完整闭环。事前行政程序，涵盖从行政决定的初步构思至最终实施的全过程，是行政主体主动运用权力、履行职责的直接体现，如行政处罚决定的作出与执行流程，此阶段行政主体的行为对行政相对人的权利义务产生直接且即时的影响；事后行政程序聚焦于行政行为实施后的监督与救济机制，如行政复议、行政诉讼等，旨在为行政相对人提供权利救济途径，同时监督行政主体行为的合法性，此阶段行政主体往往处于被审查的地位。

（五）行政许可程序、行政处罚程序等

依据行政活动形式的多样化特征，行政程序得以进一步细分为行政立法程序、行政计划程序、行政许可程序、行政处罚程序、行政强制程序、行政裁决程序、行政指导程序以及行政合同程序等多个具体类别。每种程序均对应特定的行政活动类型，体现了行政法对不同行政行为的精准规制与指导。行政许可程序旨在规范行政主体授予相对人特定权利或资格的流程，确保许可的公正、透明与高效；行政处罚程序则聚焦于对违法行为的查处与制裁，保障行政执法的合法性与合理性。

第二节 行政程序法的基本制度

一、听证制度

听证又被称为“听取意见”，是指行政主体在作出影响相对人权利义务的行政行为之前听取相对人意见的程序。狭义上的听证制度是指行政主体听取相对人意见的程序，而广义上的听证制度包括与听取意见相关的通知、回避、辩论、委托代理、案卷排他等制度。听证制度是现代行政法中最为重要的制度之一，也是实现公正原则与参与原则的核心制度。西方国家通过行政程序法的立法建立了一套完整的行政听证制度。规定了行政听证在抽象行政行为和具体行政行为中的适用范围；规定了听证的组织者、主持人、参与人等行政听证主体；规定了通知、正式听证前的会议、听证开始、听证终结等行政听证法定程序；规定了行政听证笔录的效力和违反听证程序的法律责任等。这些规定对完善我国行政听证制度有重要借鉴意义[①]。

二、信息公开制度

信息公开制度是现代行政法治体系中的一项关键机制，其核心在于确

①杨建生，廖明岚．行政听证制度比较研究[J].学术论坛，2006(06).

保行政活动的透明度和公众的知情权。该制度要求行政主体在执行职能过程中，对于非保密性质的信息资料，应主动或根据相对人的申请予以公开。这一制度的实施，旨在促进政府责任性，增强公众对政府行为的理解和信任，同时为相对人提供了获取、查阅和复制行政记录和资料的途径。

依据《中华人民共和国政府信息公开条例》的规定，行政主体负有主动公开信息的义务，尤其是那些涉及公民、法人或其他组织切身利益的信息，需要公众广泛知晓或参与的信息，以及反映行政机关机构设置、职能和办事程序的信息。这些信息的公开，不仅有助于公众对行政决策的理解和监督，也是实现行政公开原则的具体体现。信息公开的方式分为行政主体的主动公开和依申请公开两种形式。主动公开信息是行政主体基于法定义务，无须相对人请求即应披露的信息。而依申请公开则是相对人基于特定需求，向行政主体提出信息公开请求，行政主体在审查后决定是否公开相关信息。这一机制既保障了公民、法人和其他组织依法获取政府信息的权利，也提高了政府工作的透明度，是推动政府开放性和参与性的重要步骤。

三、表明身份制度

表明身份制度在行政法中占据着重要位置，其旨在确保行政行为的合法性和正当性，同时保护相对人的合法权益不受侵害。该制度要求行政主体及其工作人员在执行职务行为之前，必须向行政相对人明示其身份及所享有的职权，以此作为行政行为合法性的基础。执法人员在作出行政处罚决定或进行盘问、检查时，需出示相应的执法身份证件，以证明其职权的合法来源。

此制度的实施，有助于防止冒充国家机关工作人员的行为，确保行政行为的真实性和权威性。它为相对人提供了一种保障机制，使其能够确认执法人员的身份，避免受到非法行为的侵害。同时，表明身份制度也体现了对执法人员行为的监督，增强了行政行为的透明度和可信度。

在特定情况下，如法律规定应当保密的情形，表明身份制度可能会有相应的例外。这是为了保护国家安全、公共安全或个人隐私等更高价值的利益。在这些情况下，不表明身份是为了实现法律所追求的更广泛的社会目标。

四、职能分离制度

职能分离制度是行政管理中用以确保权力制衡和公正性的一项重要程

序机制。该制度基于分权理论，通过将案件审查职能与裁决职能分配给行政体系内不同机构或人员执行，旨在实现内部权力的有效分散与相互制衡。这种分离不仅有助于提升行政决策的公正性，而且能够更好地保护行政相对人的合法权益。

在实践中，职能分离主要体现为行政主体内部的机构或人员之间的权力划分。例如，《中华人民共和国行政处罚法》规定听证应由非本案调查人员主持，而《中华人民共和国行政许可法》亦要求听证主持人应从审查申请之外的人员中指定。这些规定体现了职能分离制度在行政程序中的运用，确保了审查与裁决阶段的独立性，从而增强了行政行为的正当性和透明度。

尽管存在将审查与裁决职能完全分离给两个独立行政机关的制度设计，但由于这种模式可能忽视了案件处理的连贯性和专业性，其实际应用相对有限。职能分离制度的实施，旨在通过内部结构的优化，提升行政效率和公正性，确保行政权力不被滥用，同时为相对人提供更为公正的行政救济途径。该制度的有效运行，对于构建法治政府，实现依法行政具有重要的理论和实践价值。

五、时效制度

时效是指行政主体与相对人在行政活动中必须遵守的期间限制，超越期限将引起某种法律后果的程序制度。“迟到的正义非正义”，现代行政法在注重保障相对人合法权益的同时，也注重提高行政过程中效率，要求行政主体与相对人都必须及时行使自己的权利，否定应当承担不利的法律后果。具体而言，要求行政相对人在法定的时限内主张维护自己的权利，逾期则不对其主张的权利进行保护；而另一方面，则要求行政主体在法定的时限内必须处理该行政案件，作出行政作为，逾期不处理将承担相应的法律责任。因此，合理的时效制度不仅是为了提高行政效率，也是为了保障相对人的合法权益。

第三节 行政程序法的完善与优化

所谓“法治轨道”，是指“坚持依法治国、依法执政、依法行政共同推进”“法治国家、法治政府、法治社会一体建设”的全面依法治国的工作布局。对于依法行政而言，完善行政程序法治乃是其最重要最基本的保障；对于法治政府建设而言，完善行政程序法治则是其必由之路。[①]

一、行政程序单行法律与法规的制定

自20世纪90年代以来，我国在行政程序法治领域取得了显著进展，这一进步不仅体现在行政程序单行法律和单行行政法规的制定上，还体现在地方政府规章和地方性法规的出台上。这些法律和法规共同构成了我国行政程序法治的基本框架，为规范行政行为、保障公民权益提供了坚实的法律保障。

（一）行政程序单行法律与法规的制定进展

1.单行法律与行政法规的制定

自20世纪90年代以来，我国陆续制定了一系列行政程序单行法律和单行行政法规。单行法律通常涉及行政程序的基本原则和普遍适用的规则，如《中华人民共和国行政处罚法》《中华人民共和国行政许可法》等，它们为行政行为提供了基本的法律框架和程序要求。而单行行政法规则针对特定领域或特定类型的行政行为进行具体规定，如《中华人民共和国政府信息公开条例》《中华人民共和国行政强制法》等，它们对特定领域的行政行为进行了细化和补充。

2.地方政府规章与地方性法规的出台

地方政府规章和地方性法规在行政程序法治中发挥着重要作用。它们能够根据地方实际情况和需要，对行政程序进行细化和补充，增强法律的可操作性和适应性。例如，一些地方政府制定了关于行政许可、行政处罚、行政强制等方面的实施细则，这些细则不仅细化了上位法的规定，还结合了地方实际情况，提高了法律的针对性和实效性。

（二）单行法律与法规的互补性

1.基本原则与普遍规则的设定

单行法律通常设定行政程序的基本原则和普遍规则，为行政行为提供基本的法律框架和程序要求。这些原则和规则具有普遍适用性，能够确保

---

①姜明安.完善行政程序法治是建设法治政府的必由之路[J].行政法学研究，2023(01).

行政行为在程序上的合法性和公正性。

2.特定领域与特定类型的细化规定

单行行政法规则针对特定领域或特定类型的行政行为进行具体规定。这些规定通常更加详细和具体,能够确保行政行为在特定领域或特定类型上的合法性和规范性。例如,在政府信息公开方面,单行行政法规详细规定了政府信息公开的范围、方式、程序等,为政府信息公开提供了具体的法律保障。

(三)地方政府规章与地方性法规的灵活性

1.结合地方实际情况进行细化

地方政府规章和地方性法规能够根据地方实际情况和需要,对行政程序进行细化和补充。这种细化不仅有助于增强法律的可操作性和适应性,还能够更好地满足地方发展的需要。

2.及时应对社会变化

地方政府规章和地方性法规具有及时应对社会变化的能力。随着社会的快速发展和变化,行政行为面临着新的挑战和问题。地方政府规章和地方性法规能够根据实际情况进行及时调整和修订,确保行政行为能够适应社会发展的需要。

二、制定全国统一的行政程序法

制定全国统一的行政程序法是我国行政程序法治发展的必然趋势,这一举措不仅能够统一行政程序的基本规则和标准,提高行政行为的规范性和一致性,还能够为公民提供更为明确和具体的法律保障。

(一)我国制定全国统一的行政程序法的准备工作

在探讨我国制定全国统一的行政程序法的准备工作时,不可忽视的是,自20世纪80年代起,国内行政法学界便已着手对行政程序立法进行深入研究与探索。在此过程中,行政立法研究组发挥了重要作用,其草拟的行政程序立法建议稿为后续立法工作奠定了坚实的基础。这些建议稿不仅初步规定了行政程序的基本规则,还对行政行为的程序要求进行了探讨,为行政程序法的框架构建提供了理论支撑和实践指导。

随着时间的推移，学者和专家们持续贡献智慧和力量，提出了一系列行政程序法试拟稿和专家建议稿。在广泛吸收国内外先进经验和做法的基础上，紧密结合我国的实际情况，进行深入的分析和探讨。它们对行政程序法的体系结构、基本原则、具体制度等进行了系统性的规定和设计，为制定全国统一的行政程序法提供了重要的参考和依据。这些草案的提出，不仅丰富了行政程序法的理论内涵，也为立法实践提供了操作性强的方案，有助于推动我国行政程序法的科学化、规范化发展。

在此过程中，学术界和实务界的紧密合作，为行政程序法的制定提供了坚实的理论和实践基础。通过不断地研究和探索，我国在行政程序法领域的准备工作取得了显著进展，为最终实现全国统一的行政程序法的制定和实施奠定了坚实的基础。这一过程体现了我国在法治建设中的积极探索和不懈努力，展现了我国行政法学界和实务界对于推进法治国家建设的坚定决心和积极贡献。

（二）借鉴与融合：制定全国统一的行政程序法的国际视野

1.借鉴国外先进经验

国外行政程序法的发展历程为我国提供了宝贵的参考。例如，德国和美国的行政程序法在保障公民权益和规范行政权力方面展现出了其成熟性和有效性。这些国家的法律体系在透明度、参与度以及公正性方面设立了高标准，为公众参与行政决策提供了法律依据，确保了行政行为的合法性和合理性。通过细致分析这些国家的法律文本和实践案例，可以提炼出适用于我国行政程序法的基本原则和制度设计。

2.结合我国实际情况进行融合和创新

在借鉴国际经验的同时，必须充分考虑到我国的特定国情。这意味着在制定行政程序法时，需要将国外的经验与我国的政治体制、文化传统以及社会经济发展水平等因素相结合。这样的融合不仅有助于提升法律的适应性，还能确保法律制度能够有效地服务于国家治理体系和治理能力现代化的需求。

在吸收国外经验的基础上，我国应积极探索和构建具有中国特色的行政程序法制度。这包括但不限于创新行政决策机制、优化行政程序、强化行政监督和问责等方面。通过这样的创新,可以进一步提升行政效率,保障公民权利,同时也为全球行政程序法的发展贡献中国智慧和中国方案。

(三)程序正义与效率并重:行政程序法的核心价值

1.保障公民的参与权和申辩权

在程序正义方面,行政程序法通过明确规定公民参与行政决策的途径和程序,确保了公民能够有效地表达意见和诉求。这种参与不仅涉及行政决策的制定阶段,也包括执行和监督阶段,从而使得行政行为更加透明和可接受。通过这种方式,行政程序法强化了公民在行政过程中的主体地位,使得行政权力的行使更加贴近民众的需求和期望。

2.提高行政行为的效率和质量

在效率方面,行政程序法通过优化和简化行政程序,提高了行政行为的效率。这包括减少不必要的行政环节,简化审批流程,以及采用现代信息技术手段来提升行政效率。同时,行政程序法还强调对行政行为的监督和管理,确保行政行为在追求效率的同时,不牺牲程序的合法性和规范性。

(四)动态调整与持续优化:行政程序法的完善机制

1.建立动态调整机制

动态调整机制的建立是行政程序法适应性的核心。随着社会的演进和法律环境的变迁,行政程序法必须通过定期评估和修订来保持其相关性和有效性。这种评估不仅涉及法律条文的实施效果,也包括对社会影响的考察。通过对实施效果的监测和评估,可以识别出法律在实际操作中的问题和不足,为后续的修订和完善提供实证基础。

2.持续优化行政程序法

在动态调整的基础上,行政程序法的持续优化是不可或缺的。这要求法律制度设计和实践应用能够不断吸收国内外的先进经验和做法,并结合国内的实际情况进行创新和突破。这种优化不仅涉及法律文本的更新,也包括对行政程序法的宣传和培训。通过提高行政机关和公民对行政程序法的认识和理解，可以增强法律的执行力和公众的法律意识，从而提升法律的实施效果。

三、编纂统一的行政基本法典

编纂统一的行政基本法典是我国行政法治建设的长远目标，旨在通过整合和优化行政法律体系，提高法律的体系性和协调性，为法治政府建设提供更为全面和系统的法律支持。

（一）构建完整的行政基本法典体系

在行政程序法的基础上，逐步整合与优化其他行政实体法和程序法规范，是构建完整的行政基本法典体系的关键步骤。这一过程涉及对行政许可法、行政处罚法、行政复议法等相关法律法规的修订和完善，旨在确保这些法律法规与行政程序法的协调一致性。通过这种整合，可以增强法律体系的内在逻辑性和系统性，使得各类法律法规之间能够相互衔接、相互补充，形成一个有机统一的整体。

优化法律体系结构的过程中，强化法律实施效果是一个重要目标。这不仅涉及法律文本的完善，还包括通过完善法律监督机制、加强法律宣传和培训等措施，以确保法律法规得到有效执行和遵守。这种强化实施效果的努力，有助于提升法律的权威性和公信力，进而促进法治环境的优化和治理效能的提升。通过这样的整合与优化，可以期待构建起一个更加成熟、高效的行政法律体系，为实现法治国家的建设目标提供坚实的法律基础。

（二）确保法典的权威性与适应性

编纂统一的行政基本法典需要确保法典的稳定性和权威性。这要求法典的内容具有明确性、稳定性和可预测性，能够为社会提供清晰、稳定的法律预期。同时，法典也需要具有一定的灵活性和适应性。随着社会发展和法律环境的变化，法典需要能够及时进行必要的调整和优化，以适应新的社会需求和法律要求。

在编纂过程中，可以通过设置法律修订机制、加强法律解释和适用等方式，平衡法典的稳定性和灵活性。这既能够保障法典的权威性和稳定性，又能够增强其适应性和灵活性。

(三)确保法典的适用性和可操作性

我国行政法律体系复杂多样,不同领域和不同类型的行政行为具有不同的特点和要求。这要求编纂统一的行政基本法典时需要充分考虑这些差异性和多样性。

为了确保法典的适用性和可操作性,编纂过程中需要注重法律的细化和具体化。通过明确法律概念、细化法律条款、完善法律解释等方式,提高法典的实用性和可操作性。同时,要加强法律体系的协调性。通过梳理和整合相关法律法规,确保它们之间的衔接和配合,避免法律冲突和矛盾的发生。

(四)政治经济社会转型的影响

我国目前正处于政治经济社会快速发展变化的转型期,这对编纂统一的行政基本法典提出了严峻挑战。社会变革和法律环境的变化要求法典能够及时反映和适应这些变化。

为了应对这些挑战,编纂过程中需要密切关注社会发展和法律环境的变化。通过加强法律调研和评估、完善法律修订机制等方式,及时调整和完善法典内容。同时,也要把握转型期带来的机遇。通过编纂统一的行政基本法典,推动行政法治建设的深入发展,为政治经济社会的全面转型提供有力的法治保障。

第十二章 行政复议

在法治社会建设的进程中，行政复议作为行政机关内部自我纠正错误的重要机制，扮演着至关重要的角色。本章探讨行政复议的原则与范围、管辖与参加人以及行政复议的主要程序，为完善行政复议制度、推动法治政府建设提供有益参考。

第一节 行政复议的原则与范围

一、行政复议法律的原则

（一）合法性原则

合法性原则是所有行政权行使时应该遵循的一项基本原则，是依法行政的基本要求，行使行政复议权也要遵循合法性原则。此项原则要求行政复议机关依法受理复议案件，按照法定职权和程序审理复议案件，作出复议决定的依据应当合法，做到以事实为依据，以法律为准绳。

（二）公正性原则

公正性原则要求复议机关应当平等地对待申请人和被申请人，要求复议机关不仅仅审查具体行政行为的合法性，而且审查其合理性，公平对待不同的申请人。在《中华人民共和国行政复议法》中，确定复议机关的选择机制、被申请人可以要求停止具体行政行为的执行等规定，都体现了公正性原则。

（三）公开性原则

公开性原则要求行政复议的全过程，包括案件的受理、调查、审理和决定等环节，都应当尽可能地向当事人及社会公开，以保障社会各界对复议活动的知情权和监督权。这一原则的实施，有助于提高行政复议的透明度和公信力，确保行政权力在阳光下运行。

在行政复议中，公开性原则主要体现在：①复议程序对当事人的公开和开放，这意味着当事人有权了解复议的进展情况，包括程序的各个阶段和关键节点；②申请人依法享有查阅权，即申请人可以查阅被申请人提出的书面答复以及作出具体行政行为的证据和依据，这一权利的行使有助于当事人全面了解案件情况，为自身的权益辩护提供支持；③复议决定及其依据的公开，即行政复议机关在作出复议决定后，应当公开决定内容及其法律和事实依据，以接受社会的监督和评价。

申请人和第三人有权查阅被申请人提出的书面答复、作出具体行政行为的证据、依据和其他有关材料，除非涉及国家秘密、商业秘密或个人隐私等特殊情况，否则行政复议机关不得拒绝提供相关信息。这一规定体现了法律对公开性原则的重视，确保了行政复议活动的透明度和公正性。

（四）及时性原则

及时性原则要求行政复议机关在法定期限内迅速完成案件审查，并及时作出决定。这一要求不仅体现了对法律程序的尊重，也反映了对当事人权益的保护。行政复议机关在收到申请后，必须在五日内进行审查，并向申请人反馈审查结果，这一规定明确了行政复议机关的初步审查义务和时限。进一步地，复议机构在受理申请后，需在七日内向被申请人发送申请书副本或复印件，确保被申请人能够及时了解案件情况并准备相应的答复。此外，行政复议机关应在受理之日起六十日内作出复议决定，这一规定为复议机关设定了明确的决策时限，旨在防止案件无故拖延，确保行政复议的效率和公正。这些规定共同构成了行政复议中的及时性原则，旨在通过法律手段保障行政复议程序的高效运行，维护法律的权威性和当事人的合法权益。

（五）便民性原则

便民性原则在行政复议领域中扮演着至关重要的角色，其核心在于确保行政复议制度的可及性和效率性，以满足权利救济的迫切需求。该原则强调复议机关在处理复议案件时应以申请人的利益为出发点，降低其参与复议程序的时间、精力和经济成本。通过提供便利的复议条件，便民性原则旨在提升公众对行政复议制度的信任和满意度，进而增强该制度的社会影响力和公信力。

在实践中，便民性原则要求复议机关采取积极措施，消除申请人在复议过程中可能遇到的障碍。例如，对于无法提供书面申请的行政相对人，复议机关应允许其以口头方式提出复议申请，并由工作人员进行记录，随后请申请人确认并签字，以此作为正式的申请材料。这种做法不仅体现了对申请人实际困难的理解和尊重，也彰显了复议机关服务公众、简化程序的决心。

此外，便民性原则还涉及复议程序的简化和优化，如提供多渠道的申请方式、缩短复议审理时限、降低或免除相关费用等，这些都是为了减轻申请人的负担，提高复议效率。通过这些措施，复议机关能够更好地服务于公众，确保行政复议制度的有效实施，同时促进行政争议的及时解决。

二、行政复议的范围

行政复议的范围是指行政复议的受案范围，是指相对人不服可以提起行政复议申请的行政活动的范围。行政复议的范围直接关系到相对人是否可以请求行政复议，是涉及行政复议“入口”的前提性问题，对此，2023年修订的《中华人民共和国行政复议法》采用了“概括+列举”“肯定+排除”的立法方式，详细地规定了行政复议的范围。

(一)具体行政行为的复议范围

(1)行政处罚

在行政复议的适用范围内，行政处罚行为的行政复议占据着重要的地位。行政处罚是指行政机关依法对违反行政管理秩序的公民、法人或者其他组织给予的一种法律制裁。根据《中华人民共和国行政处罚法》，行政处罚的种类包括警告、罚款、没收违法所得、没收非法财物、责令停产停业、暂扣或者吊销许可证、执照等。在实践中，行政处罚行为的行政复议通常涉及对行政机关作出的处罚决定的合法性、适当性进行审查。例如，某企业因违反环保法规被处以高额罚款，企业若认为处罚过重或程序不当，可依法申请行政复议。据统计，近年来，随着法治意识的增强，行政复议案件中涉及行政处罚的案件数量呈上升趋势，这反映了公民和组织对自身权益保护意识的提高。在处理这类案件时，复议机关需严格依照法律规定，运用恰当的法律解释和分析模型，确保复议决定的公正性。

(2)行政强制措施

《中华人民共和国行政复议法》规定“对行政机关作出的限制人身自由或者查封、扣押、冻结财产等行政强制措施决定不服的”可以申请行政复议。行政强制措施是指行政机关在实施行政管理的过程中，为了维护公共利益或实现一定的行政管理目的，对特定的相对人或特定的物作出的，以限制权利和恪以义务为内容的临时性的限权性措施。限制人身自由的行政强制措施包括强制、约束、收容、劳动教养、强制遣送、强制戒毒、强制隔离、强制治疗、强制带离现场等行为，而针对财产的行政强制措施包括查封、扣押、冻结、划拨、扣缴、强制收购、强制检查等。从该项规定来看，对所有的行政强制措施都可以申请行政复议。

此外，与行政强制措施相关联的还有行政强制执行，行政强制执行是指行政机关或者由行政机关申请人民法院，对不履行发生法律效力的具体行政行为的公民、法人或者其他组织，依法强制其履行义务的行为。理论上，行政强制执行是对已经存在的行政行为的执行，因此，如果相对人对该执行不服，应当对被执行的原行政行为提起行政复议或行政诉讼。但在现实中，存在超越原行政行为违法进行行政强制执行的事例，即原行政行为并不违法但行政强制执行违法，对此应当给予相对人救济的途径，即可以提起行政复议或行政诉讼。

(3)变更、中止、撤销行政许可的行为

对行政机关作出的有关许可证、执照、资质证、资格证等证书变更、中止、撤销的决定不服的可以申请行政复议。许可证和执照是指行政机关根据相对人的申请颁发的允许其从事某种活动的书面证明，资质证一般是指企业或其他组织能够从事某种活动的能力证明，资格证书是公民具备某种能力的书面证明，也是其能够从事某项工作的前提条件，这些证书都属行政许可的表现形式。由于《中华人民共和国行政复议法》制定时还没有制定《中华人民共和国行政许可法》，因此，该项规定并没有与《行政许可法》的相关规定相衔接，但可以认为该项规定的就是“变更、中止、撤销”行政许可的行为。

(4)行政确权行为

对行政机关作出的关于确认土地、矿藏、水流、森林、山岭、草原、荒地、滩涂、海域等自然资源的所有权或者使用权的决定不服的可以申请行政复议。城市土地、矿藏、水流、森林、山岭、草原、荒地、滩涂等自然资源属于国家所有；由法律规定属于集体所有的森林和山岭、草原、荒地、滩涂除外；农村和城市郊区的土地，除法律规定属于国家所有外，属于集体所有。对于国家所有或集体所有的这些自然资源，相对人可以依法取得使用权，但需要经过行政机关的确认并核发证书。

(5)侵犯经营自主权的行为

认为行政机关侵犯合法的经营自主权的可以申请行政复议。经营自主权是指企业等从事经营的主体在不违反国家法律的基础上所拥有的调配使用自己的人力、物力、财力，自行组织生产经营，对所经营财产的占有、使用、收益和处分的权利。根据企业性质或经营主体的不同，经营自主权的内容也各不相同，但其最核心的内容是指企业独立自主决定其经营事务的权利。经营自主权是企业等经营主体依法享有的权利，任何单位和个人都不得对其经营自主权非法干涉。因此，当行政机关违法侵犯时，经营者可以申请行政复议。

(6)变更或者废止农业承包合同的行为

认为行政机关变更或者废止农业承包合同，侵犯其合法权益的可以申请行政复议。农业承包合同是指在实行农业家庭承包经营过程中，农业生产合作社等农业集体经济组织与其成员为了发包、承包集体所有的土地等生产资料以及依法确定给农户集体长期使用的国有自然资源，明确相互的权利义务关系而订立的协议。国家长期稳定农村以家庭承包经营为基础、统分结合的双层经营体制，农业承包合同涉及农民的经营自主权与财产权，因此，对于行政机关变更或者废止农业承包合同的行为，相对人可以申请行政复议。

(7)集资、征收、摊派等要求相对人履行义务的行为

认为行政机关违法集资、征收财物、摊派费用或者违法要求履行其他义务的可以申请行政复议。其中的“违法集资”是指行政机关没有依照法定的程序经有关部门批准，以发行股票、债券、彩票、投资基金证券或者其他债权凭证的方式向社会公众筹集资金，并承诺在一定期限内以货币、实物及其他利益等方式向出资人还本付息给予回报的行为；“征收财物”包括行政征税、行政收费与公益征收，其共同的特点在于行政机关以强制方式取得相对人一定数额的金钱或特定物品；“摊派费用”是指行政机关将特定支出的费用按照一定的比例进行分配，由众人分担的行为；“违法要求履行其他义务”是指行政机关违法要求相对人承担上述三种行为之外的其他财产或劳务负担，例如行政命令、行政征购等。这些行为的共同特点是行政机关以强制方式要求相对人履行特定义务，对此，相对人可以申请行政复议。

(8)拒绝许可或许可不作为

认为符合法定条件，申请行政机关颁发许可证、执照、资质证、资格证等证书，或者申请行政机关审批、登记有关事项，行政机关没有依法办理的可以申请行政复议。该项规定中涉及的行为实际上是有关许可的行为，“行政机关没有依法办理”可分为两种情况：一是拒绝许可，即行政机关在相对人提出申请后明确答复不予办理；二是许可不作为，即行政机关在相对人提出申请后的一定期限内不作出答复，既未许可，也未拒绝，超过法定期间后即构成许可不作为。这两种情况都造成了相对人不能获得许可，因此，相对人可以申请行政复议。

(9)行政不作为

申请行政机关履行保护人身权利、财产权利、受教育权利的法定职责，行政机关没有依法履行的可以申请行政复议。人身权利、财产权利和受教育权利都是宪法规定的公民基本权利，行政机关负有保护的义务，当相对人申请行政机关保护而行政机关没有依法履行法定职责的，构成行政不作为。行政不作为是指行政主体负有积极实施行政行为的职责和义务，应当履行而未履行或拖延履行其法定职责的状态。对此，相对人可以申请行政复议。

(10)行政救助不作为

申请行政机关依法发放抚恤金、社会保险金或者最低生活保障费，行政机关没有依法发放的可以申请行政复议。其中的“抚恤金”是指公民因公或因病致残或死亡时，由本人或其家属依法领取的生活费用；“社会保险金”是指公民在失业、年老、疾病、生育、工伤等情况发生时，向社会保障机构申请发放的社会救济金；“最低生活保障费”是指向城乡居民发放的维持其基本生活需要社会救济金。这些行为同属于行政救助行为，行政救助又被称为行政物质帮助，是指负有法定救助职责的行政主体在公民因年老、疾病或丧失劳动能力等情况或其他紧急事项危及其基本生存时，依法对其提供相应救助的行为。当负有救助义务的行政机关不作为时，相对人可以申请复议。

(11)兜底条款

认为行政机关的其他具体行政行为侵犯其合法权益的可以申请行政复议。这是一个“兜底条款”，前面列举的事项行为几乎涉及了所有的具体行政行为，但其实并不全面。而且，随着行政实践的发展，将会不断出现新型的具体行政行为的形式，为了充分、全面地保障相对人的合法权益，该项兜底性规定是必要的。

(二)抽象行政行为的复议范围

抽象行政行为是指行政机关针对不特定的对象作出的具有普遍约束力的决定和命令的行为。根据效力等级的不同,抽象行政行为可以划分为制定行政法规、规章以及规章以下的规范性文件的行为。公民法人或者其他组织认为行政机关的具体行政行为所依据的下列规定不合法,在对具体行政行为申请行政复议时,可以一并向行政复议机关提出对该规定的审查申请:①国务院部门的规定;②县级以上地方各级人民政府及其工作部门的规定;③乡、镇人民政府的规定。前款所列规定不含国务院部、委员会规章和地方人民政府规章。规章的审查依照法律、行政法规办理。

抽象行政行为的复议范围被限定于规章以下的规范性文件,而行政法规、部门规章、地方政府规章则被排除于行政复议的范围之外。其理由在于:①行政法规、部门规章、地方政府规章分别由国务院、国务院部委、省级或副省级人民政府制定的规范性文件,行政立法的层次较高,《中华人民共和国立法法》《中华人民共和国行政法规制定程序条例》《中华人民共和国规章制定程序条例》对其制定的程序进行了严格的限制,违法的可能性较小;②《中华人民共和国立法法》等对行政法规、规章规定了监督的程序,设置了一套比较严格的备案审查制度,在行政法规、规章违法的情况下,可以通过这些监督程序进行纠正;③行政法规、规章并不直接侵犯相对人的合法权益,只有在行政机关适用行政法规、规章作出具体行政行为时才可能侵犯相对人的合法权益,但此时完全可以通过对具体行政行为申请复议进行救济;④考虑到政策上、技术上的因素,复议机关审查行政法规、规章的合法性还存在着一定的难度。而对于规章以下的规范性文件,《中华人民共和国立法法》以及其他有关行政立法的法律法规中都没有作出规定,不存在有效的监督途径,而且,在现实中,某些行政机关违法制定"规定"的问题严重,甚至有行政机关依据自己违法制定的"规定"作出具体行政行为。而行政复议是救济相对人权益、监督行政机关依法行政的途径,因此,有必要对这些"规定"进行审查。

但从申请审查的形式来看,相对人不得单独提起对规章以下的规范性文件的行政复议申请,而必须在对具体行政行为提出行政复议申请的同时"一并"提出对规章以下的规范性文件的行政复议申请。其理由在于:规章以下的规范性文件属于抽象行政行为，针对的是不特定的人或事，如果没有具体适用于特定人或事，就不能产生实际的损害。没有受到实际损害的公民、法人或其他组织如果认为该规范性文件违法，可以向各级人大及其常委会、上级行政机关等有权机关提出审查建议，但不得提出行政复议申请。行政复议必须由权益受到侵害或实际影响的相对人提起，因此对于规章以下的规范性文件，相对人不得单独提起行政复议申请，而只能与对具体行政行为提出的行政复议申请一并提起。

第二节 行政复议的管辖与参加人

一、行政复议的管辖

行政复议的管辖是指不同层级、职能、地域的各行政复议机关之间在受理复议案件上的分工。虽然是行政复议机关之间的内部性权限分工，但从相对人来看，行政复议管辖权的划分不仅限制了相对人可以提出复议申请的对象机关，而且，也有可能影响到行政复议的结果。因此，《中华人民共和国行政复议法》作出了详细的规定。

（一）对政府工作部门的行为不服的管辖

1.对政府工作部门的行为不服的管辖原则性规定

对县级以上地方各级人民政府工作部门的具体行政行为不服的，由申请人选择，可以向该部门的本级人民政府申请行政复议，也可以向上一级主管部门申请行政复议。可见，在原则上，对于政府工作部门的行为不服的复议，具有管辖权的复议机关包括“本级人民政府”与“上一级主管部门”，两者并无先后顺序，由申请人自由选择。

值得注意的是，在《中华人民共和国行政复议法》制定之前，某些单行法律法规规定对于政府工作部门的行为的复议由“本级人民政府”或者是“上一级主管部门”中的一者管辖。

2.对政府工作部门的行为不服的管辖例外性规定

（1）对垂直领导体制的政府工作部门的行为不服的管辖

对海关、金融、国税、外汇管理等实行垂直领导的行政机关和国家安全机关的具体行政行为不服的，向上一级主管部门申请行政复议。目前我国实行垂直领导的政府工作部门除海关、金融、国税、外汇管理外，还包括工商、质监、土管、烟草、交通、盐业等部门。实行垂直领导体制的行政机关一般都是专业性、技术性要求较强的机关，因此，对其行为进行的行政复议应当由同样具有专业性、技术性条件的上一级主管部门管辖。此外，国家安全机关由于其保密等特殊性，对其行为的行政复议也应当由上一级国家安全机关管辖。

(2)对国务院部门的行为不服的管辖

对国务院部门的具体行政行为不服的，向作出该具体行政行为的国务院部门申请行政复议。对行政复议决定不服的，可以向人民法院提起行政诉讼；也可以向国务院申请裁决，国务院依照本法的规定作出最终裁决。即由国务院部门自己作为对自己行为进行行政复议的机关，这并不符合“正当程序”中的回避原则。但立法当时的考虑是国务院部门的上一级行政机关是国务院，如果所有对国务院部门行为不服的行政复议都由国务院管辖，则国务院有可能不堪重负，但毕竟由国务院部门自己复议自己行为的合法性和适当性在程序上存在着问题，在结果上也有可能对相对人权益的救济不利。因此，《中华人民共和国行政复议法》采用了折中的办法，即“二级复议制度”，首先由国务院部门进行复议，在申请人对国务院部门的复议决定不服时，可以向国务院申请二次复议，当然申请人也可以选择向人民法院起诉，但一旦选择由国务院进行二次复议时，该复议决定就是终局裁定，即不得再提起起诉。

(二)对地方各级人民政府的行为不服的管辖

1.对地方各级人民政府的行为不服的管辖原则性规定

对地方各级人民政府的具体行政行为不服的，向上一级地方人民政府申请行政复议。地方各级人民政府的上一级行政机关是上一级地方人民政府，与上一级人民政府的工作部门之间并不存在领导关系，因此，上一级人民政府的工作部门不具有复议管辖权。

2.对地方各级人民政府的行为不服的管辖例外性规定

(1)对隶属于行政公署的县级政府的行为不服的管辖

对省、自治区人民政府依法设立的派出机关所属的县级地方人民政府的具体行政行为不服的,向该派出机关申请行政复议。对县级政府的行为不服的复议由上一级人民政府,即省、自治区、直辖市、设区的市、州的人民政府管辖。但根据规定,省、自治区的人民政府在必要的时候,经国务院批准,可以设立若干派出机关,即行政公署。行政公署是省、自治区人民政府的派出机构,与设区的市、州(地级市)人民政府设有人民代表大会不同,行政公署不设有人民代表大会,不构成一级地方政权,但对其代表省、自治区人民政府指导和管理下属的县级人民政府,因此,具有对其下属的县级政府的行为的复议管辖权。

(2)对省级政府的行为不服的管辖

对省、自治区、直辖市人民政府的具体行政行为不服的,向作出该具体行政行为的省、自治区、直辖市人民政府申请行政复议。对行政复议决定不服的,可以向人民法院提起行政诉讼;也可以向国务院申请裁决,国务院依照本法的规定作出最终裁决。该规定的立法精神与对国务院部门的行为不服的管辖权的规定相同

(三)对特殊行政主体具体行政行为不服的管辖

1.对派出机关的具体行政行为不服的管辖

对县级以上地方人民政府依法设立的派出机关的具体行政行为不服的,向设立该派出机关的人民政府申请行政复议。县级以上地方人民政府依法设立的派出机关包括三种类型:①省、自治区的人民政府在必要的时候,经国务院批准,设立若干的行政公署;②县、自治县的人民政府在必要的时候,经省、自治区、直辖市的人民政府批准,设立若干区公所;③市辖区、不设区的市的人民政府,经上一级人民政府批准,设立若干街道办事处,作为它的派出机关。如上所述,派出机关并非一级地方政权,没有设置与之相对应的人民代表大会,但其具有行政管理权限,从组织上来看,隶属于设立该派出机关的人民政府,即设立派出机关的人民政府是该派出机关的上一级行政机关,因此,对派出机关行为不服的复议应当由设立其的人民政府管辖。

2.对派出机构的具体行政行为不服的管辖

对政府工作部门依法设立的派出机构依照法律法规或者规章规定，以自己的名义作出的具体行政行为不服的，向设立该派出机构的部门或者该部门的本级地方人民政府申请行政复议。派出机构是指由省、自治区、直辖市和各级市人民政府的职能部门根据需要所设置的从事某种专门职能的机构，例如，公安局设立的公安分局或公安派出所、税务局设立的税务分局或税务所、工商行政管理局设立的工商分局或工商所等。但并非所有的派出机构都有权以自己的名义作出具体行政行为，以此为标准可以将派出机构分为以下两种类型。

（1）具有行政主体资格的派出机构

具有行政主体资格的派出机构，即有权以自己的名义作出的具体行政行为的派出机构，例如公安分局、地税分局、工商分局、质量技术监督分局和食品药品监督管理分局等。

（2）不具有行政主体资格的派出机构

不具有行政主体资格的派出机构，即不能以自己的名义作出的具体行政行为的派出机构，例如规划分局、环保分局、审计署在各地的办事处等。但这种类型的划分并非绝对固定的，一个派出机构是否具有行政主体资格必须根据具体的法律法规、规章具体判断，例如公安派出所一般不具有行政主体资格，治安管理处罚由县级以上人民政府公安机关决定；其中警告、500元以下的罚款可以由公安派出所决定。可见，公安派出所可以以自己的名义作出警告或500元以下的罚款，此时，公安派出所具有行政主体的资格。

3.对授权组织作出的行政行为不服的管辖

对法律法规授权的组织的具体行政行为不服的，分别向直接管理该组织的地方人民政府、地方人民政府工作部门或者国务院部门申请行政复议。法律法规授权的组织具有行政主体的资格，可以在授权范围内以自己的名义作出具体行政行为，对该行为不服提起的复议应当由直接管理法律法规授权组织的行政机关管辖。根据具体情况的不同，直接管理该组织的行政机关又可以分为地方人民政府、地方人民政府工作部门或者国务院部门。

4.对共同行政行为不服的管辖

对两个或者两个以上行政机关以共同的名义作出的具体行政行为不服的,向其共同上一级行政机关申请行政复议。通常情况下,行政复议机关是作出具体行政行为的行政机关的上一级行政机关,但在共同行政行为中,行为的主体是两个或者两个以上行政机关,因此,对其行为的复议应当由共同上一级行政机关管辖。此外,判断是否属于共同行政行为的标准是具体行政行为是否以两个或者两个以上行政机关以共同的名义作出,如果多个行政机关仅仅是参与行政活动,而最终以其中的某一个行政机关的名义作出具体行政行为时,并非共同行政行为。

5.对被撤销的行政机关作出的行政行为不服的管辖

对被撤销的行政机关在撤销前所作出的具体行政行为不服的,向继续行使其职权的行政机关的上一级行政机关申请行政复议。我国正在进行行政体制改革,随着政府职能的转变,可能发生撤销行政机关的情况,此时,被撤销的行政关机的权利义务随着其职权一起转移到继续行使其职权的行政机关,因此,对被撤销的行政关机的行为不服的复议应当由继续行使其职权的行政机关的上一级行政机关管辖。

二、行政复议的参加人

(一)行政复议参加人

行政复议参加人是指在整个或部分行政复议过程中参加行政复议,对行政复议程序能够产生重大影响的人,包括当事人及其代理人。其中的“人”包括公民、法人、其他组织以及行政主体。

复议当事人:复议当事人是指与具体行政行为有利害关系,因具体行政行为发生争议,以自己的名义参加复议,并受行政复议机关的裁定拘束的主体。狭义的复议当事人特指申请人与被申请人,这也是最主要的复议参加人;广义的复议当事人除了申请人、被申请人外,还包括复议第三人。

复议代理人:复议代理人是指在当事人授权范围内,以该当事人的名义代理该当事人进行行政复议行为,维护该当事人合法利益的人。申请人、第三人可以委托代理人代为参加行政复议。

(二)复议申请人

复议申请人是指认为行政机关违法行使职权侵犯自己的合法权益,而依法向复议机关提出复议申请的公民、法人或者其他组织。可见,复议申请人应当具备以下条件:①复议申请人是与行政机关相对的相对人,是行政机关作出的具体行政行为的针对对象,具体包括公民、法人或者其他组织;②复议申请人认为行政机关的行为违法或不当,并侵犯了自己的合法权益,当然,此处仅仅要求复议申请人"认为"即可;③复议申请人以自己的名义向复议机关提出复议申请。

(三)复议被申请人

复议被申请人是指由申请人在复议申请中指控其具体行政行为违法侵犯申请人的合法权益,并经行政复议机关确认,通知其参加行政复议的行政机关或法律法规授权的组织。复议被申请人具有以下特点:①复议被申请人是行使职权作出行政行为的行政机关或法律法规授权组织;②复议被申请人被复议申请人认为,其违法行为侵犯了申请人的合法权益;③复议被申请人处于被动地位,只有在复议申请人提出复议申请,经行政复议机关确认并通知其参加行政复议时,才能成为复议被申请人;④复议被申请人以自己的名义参加行政复议。

(四)复议第三人

复议第三人是指申请人之外与被申请行政复议的具体行政行为有利害关系,为维护自己的合法权益并经复议机关同意参加复议的公民、法人或者其他组织。该定义包括:①复议第三人与被申请复议的具体行政行为之间具有利害关系,包括直接利害关系与间接利害关系;②复议第三人参加复议的时间必须是在复议申请已经被受理至复议活动尚未终结期间;③复议第三人参加复议必须得到复议机关的同意;④复议第三人以独立的身份参加复议,并不依附于申请人或被申请人,复议第三人参加复议的目的就是为了维护自己的合法权益;⑤复议第三人在参加复议过程中享有与申请人基本相同的权利,但不具有撤回复议申请的权利。

(五)复议代理人

复议代理人是指在法律规定、法院指定或者该当事人授权范围内,以该当事人的名义代理该当事人进行复议行为,并维护该当事人合法利益的人。该定义包括的含义有:①复议代理人必须具有进行复议的行为能力,无行为能力者不能成为复议代理人;②复议代理人必须由法律规定、法院指定或者该当事人委托才可参加复议活动;③复议代理人以被代理人的名义进行复议活动,其目的是维护被代理人的合法权益;④复议代理人的代理权限来自于法律规定、法院指定或者该当事人委托,必须在该权限范围内进行复议活动,否则不能产生法律效果;⑤复议代理人在代理权限范围内进行复议活动的法律后果由被代理人承担。

第三节 行政复议的主要程序

行政复议程序是指行政复议活动所必须遵循的步骤、方式、时限、顺序等。行政复议程序是介于一般行政程序与司法程序之间的准司法性的程序,注重保障复议活动的公正性与合理性,同时也具有简易、高效的特点。根据《中华人民共和国行政复议法》的有关规定,行政复议程序分为申请、受理、审理、决定、送达与执行等阶段。

一、行政复议的申请

复议申请是指相对人对行政主体的行政行为不服而向复议机关提出请求复议的申请的行为。行政复议具有“不告不理”的特点,可见,复议申请是启动复议程序的前提。

根据复议时效原则,复议申请人必须在法定期限内提出复议申请,若超过法定期限就将丧失申请复议的权利。复议申请的方式是指相对人提出复议请求的具体形式。申请人申请行政复议,可以书面申请,也可以口头申请。可见,复议申请包括书面申请与口头申请两种方式。

二、行政复议申请的受理

复议申请的受理是指申请人提出行政复议申请后,行政复议机关通过对复议申请的审查,认为该申请符合法定条件时,接受申请并予以立案的行为。行政复议申请的提出是行政复议程序启动的前提,但复议申请只有在被复议机关受理之后才意味着复议程序的启动。

申请行政复议应当符合的条件有:①提出申请者具有复议申请人的资格,与具体行政行为之间具有利害关系;②有明确的复议被申请人,而且被申请人必须正确,如果错列被申请人的,行政复议机关应当告知申请人变更被申请人;③有具体的行政复议请求、申请行政复议的主要事实和理由;④属于行政复议的法定受案范围;⑤复议机关正确,即向具有管辖权的复议机关提出复议申请,复议的内容属于复议机关的职权范围;⑥复议申请的形式合法,并且在法定期限内提出;⑦法律规定的其他条件,例如,对于人民法院已经依法受理的案件,不得申请行政复议。

三、行政复议的审理

行政复议审理是指行政复议机关对受理的行政复议案件进行合法性与适当性审查的过程,即审查作出具体行政行为的事实是否清楚、适用法律是否正确、理由是否充分、内容是否合理等。

行政复议原则上采取书面审查的办法,但是申请人提出要求或者行政复议机关负责法制工作的机构认为有必要时,可以向有关组织和人员调查情况,听取申请人、被申请人和第三人的意见。即行政复议以书面审理方式为主,这是出于提高复议效率的考虑,体现了行政复议的行政性特点。但书面审理方式对于相对人权益的保障并不充分,因此,对重大、复杂的案件,申请人提出要求或者行政复议机构认为必要时,可以采取听证的方式审理。

四、行政复议决定的作出

行政复议决定是行政复议机关通过对复议案件的中行政行为的合法性和适当性进行审查,最终作出的具有结论性质的法律文书。具体而言,行政复议机关负责法制工作的机构应当对被申请人作出的具体行政行为进行审查,提出意见,经行政复议机关的负责人同意或者集体讨论通过后,作出复议决定。

行政复议机关应当自受理申请之日起60日内作出行政复议决定;但是法律规定的行政复议期限少于60日的除外。情况复杂,不能在规定期限内作出行政复议决定的,经行政复议机关的负责人批准,可以适当延长,并告知申请人和被申请人;但是延长期限最多不超过30日。

五、行政复议决定的送达与执行

复议决定的送达是指复议机关依照法律规定的程序和方式,将复议决定书送交当事人的行为。复议决定作出后,送达当事人知晓后产生法律效力。行政复议决定书一经送达,即发生法律效力。行政复议决定的送达,依照民事诉讼法关于送达的规定执行。

行政复议决定生效后,双方当事人应自觉履行。在当事人不自觉履行时,依法予以强制执行。复议决定的执行是指由有权机关依法强制不履行已经发生法律效力的复议决定的当事人履行复议决定的活动,具体包括对申请人或第三人、被申请人的执行。

第十三章 行政赔偿

行政赔偿制度是现代法治国家不可或缺的重要组成部分，它旨在保障公民、法人和其他组织在行政机关及其工作人员行使职权过程中受到侵害时，能够获得及时、公正的赔偿。本章全面剖析行政赔偿的含义与归责原则，明确赔偿的范围与程序，并深入探讨赔偿的方式与标准。

第一节 行政赔偿的含义与归责原则

一、行政赔偿的含义

行政赔偿制度是我国国家赔偿法的重要组成部分，是指行政主体及其行政公务人员行使职权，侵犯了公民、法人或其他组织的权益并造成了损害，由行政主体依法予以赔偿的法律制度[①]。该制度的构建旨在维护法律的尊严和公正，确保公民、法人和其他组织的合法权益得到有效保护。

在行政赔偿的框架下，其适用的前提条件被严格限定。行政赔偿的启动基于行政主体及其工作人员在行使职权时的违法行为，这种行为必须是在行政职权范围内进行的，且必须是违反法律规定的行为。若行为合法，即便对相对人造成了损失，也应当通过行政补偿而非赔偿来解决。这一区分体现了法律对于行政行为合法性与违法性的明确界定，以及对于不同情形下救济途径的精确划分。

行政赔偿的对象是相对人因行政主体及其工作人员的违法行为而遭受的损害。损害的存在是赔偿请求的基础，而损害的性质和程度则成为赔偿金额计算的重要依据。这一点强调了损害与赔偿之间的直接联系，确保赔偿金额的确定既合理又公正。

至于赔偿义务机关与责任主体的确定，我国实行的是"国家责任、机关赔偿"的制度。这意味着，虽然赔偿义务由法定的赔偿义务机关承担，但最

---

①刘宇昕.浅析我国行政赔偿制度[J].商，2016(31).

终的责任主体是国家。尽管行政机关的工作人员不是赔偿义务的直接承担者,但由于其代表行政机关行使职权,因此其行为所引发的赔偿责任应由行政机关承担。同时,由于行政机关代表国家行使职权,行政行为本质上是国家行为,赔偿经费也来源于国家财政,因此,行政赔偿的责任主体实质上是国家。这一点在《中华人民共和国国家赔偿法》的法律名称中也得到了体现,将行政赔偿视为国家赔偿的一种类型,从而在法律层面上确立了国家在行政赔偿中的核心地位。通过这样的制度设计,行政赔偿不仅为受损害的相对人提供了救济途径,也强化了国家对行政行为的监督和责任承担,体现了法治精神和对公民权益的尊重。

二、行政赔偿的归责原则

行政赔偿的归责原则是指判断在何种情形下对于行政主体及其工作人员给相对人合法权益造成的损害应当承担赔偿责任的基本规则。从理论以及世界各国的行政赔偿制度来看,行政赔偿的归责原则主要包括过错责任原则、无过错责任原则、违法责任原则等。

(一)过错责任原则

过错责任原则在行政赔偿领域内占据着重要位置,其核心在于评估行政主体及其工作人员在行使职权过程中是否存在主观过错,即故意或过失。故意指的是行政主体及其工作人员明知可能产生特定的法律后果,却仍然有意促使该违法后果发生的心理状态;而过失则指行政主体及其工作人员本应预见到行为可能产生的违法后果,却因未能预见或轻信可以避免而未采取必要措施,导致违法后果发生的心理状态。

该原则在全球范围内的行政赔偿法律体系中得到了广泛的应用,如《中华人民共和国国家赔偿法》明确规定,公务员在行使职务时故意或过失违反法令损害他人,国家或公共团体应负赔偿责任。类似地,英国、美国、德国等国家的行政赔偿制度也采纳了过错责任原则。这一原则的实施有助于明确责任归属,为受侵害的相对人提供法律救济。

然而,过错责任原则的应用在实践中面临着挑战。由于过错属于心理状态,其认定往往较为复杂,特别是当相对人处于弱势地位时,证明行政主体或其工作人员的过错可能较为困难。这可能导致行政主体以无过错为由逃避赔偿责任,不利于相对人权益的充分保护。因此,在行政赔偿实践中,过错责任原则的适用需要综合考量案件的具体情况,以确保相对人的合法权益得到公正和有效的维护。

(二)无过错责任原则

无过错责任原则认为,行政主体及其工作人员对相对人的合法权益造成损害时,无论主观上是否存在过错,都必须给予赔偿。该原则从损害的结果出发,主张只要造成实际损害就必须承担赔偿责任,有利于受害人举证、缩小国家不负责任的范围、加重行政机关责任,便于提高行政效率,保护受害人合法权益。但该原则没有区分行政主体及其工作人员行政职权是否违法,混淆了行政赔偿与行政补偿的界限,也可能挫伤行政机关及其工作人员进行行政活动的积极性。

(三)违法责任原则

违法责任原则是行政赔偿法中的一项基本原则,其确立以行政主体及其工作人员是否违法行使职权作为赔偿责任的关键判断标准。在国家机关和国家机关工作人员违法行使职权导致公民、法人和其他组织合法权益受损的情形下,受害人有权依法获得国家赔偿。该原则的优势在于其对过错责任主观性认定的简化,有效提升了相对人权益的保护效率。同时,违法责任原则与依法行政的理念相辅相成,它强调了行政主体必须在法律框架内行使职权,一旦违法行使职权,即须承担相应的责任。相较于过错责任原则,违法责任原则的要求更为严格,这与现代行政法加强对相对人权益保护的趋势相一致。通过确立违法责任原则,行政行为的合法性得到了提升,同时促进了行政赔偿体系的公正性和透明度,保障了受害人合法权益的及时救济。

第二节 行政赔偿的范围与程序

一、行政赔偿的范围

广义上的行政赔偿的范围包括相对人有权要求行政主体承担行政赔偿责任的行政侵权行为范围和相对人可以获得行政赔偿的损害范围;狭义上的行政赔偿的范围则专指行政主体应当承担行政赔偿责任的行政侵权行为范围。为了区分的方便,在此分别将这两种行政赔偿范围称为“行政赔偿的行为范围”与“行政赔偿的损害范围”。

(一)行政赔偿的行为界定

1.行政赔偿的法律界定

(1)侵犯人身权的行政赔偿范围。在探讨行政赔偿的法律框架内,侵犯人身权的行政赔偿范围是一个重要的议题。根据《中华人民共和国国家赔偿法》的明确规定,行政机关及其工作人员在执行职务过程中,若出现特定的侵犯公民人身权行为,受害人有权获得相应的赔偿。具体而言,这些行为包括违法拘留或非法限制公民人身自由的行政强制措施,以及非法拘禁或以其他方式非法剥夺公民人身自由。这些规定旨在保护公民的人身自由权,确保行政机关及其工作人员在行使职权时不会超越法律赋予的权限。该法律还涵盖了侵犯公民生命健康权的行为,包括通过殴打、虐待或其他方式造成公民身体伤害或死亡,以及违法使用武器、警械导致公民身体伤害或死亡的情况。这些规定体现了对公民生命健康权的重视,强调了行政机关及其工作人员在执行职务时必须遵守法律规定,不得侵犯公民的基本人权。

(2)侵犯财产权的行政赔偿范围。《中华人民共和国国家赔偿法》规定,行政机关及其工作人员在行使行政职权过程中,若出现违法实施行政处罚、违法采取行政强制措施、违法征收征用财产等行为,导致财产权受到侵犯,受害人有权获得赔偿。这些行为涵盖了行政处罚、行政强制措施以及财产征收等关键领域,它们共同构成了侵犯财产权的行政赔偿范围的核心内容。

最高人民法院在审理行政赔偿案件中,将"其他违法行为"定义为具体行政行为以及与行政机关及其工作人员行使职权有关的、违反行政职责的行为,这些行为给公民、法人或其他组织造成了损害。这一定义扩展了行政赔偿的范围,确保了受害人在更广泛的情形下能够获得赔偿。

(3)国家不承担赔偿责任的情形。《中华人民共和国国家赔偿法》指出,国家不承担赔偿责任的情形包括行政机关工作人员的个人行为、因公民、法人和其他组织自身行为导致损害发生的情况,以及其他法律规定的情形。这些情形主要涉及不可抗力、紧急避险、正当防卫等,它们构成了国家不承担赔偿责任的法律基础。

2.行政赔偿行为范围的问题扩展

《中华人民共和国国家赔偿法》所规定的行政赔偿责任,其核心在于对侵犯人身权和财产权行为的赔偿。随着《中华人民共和国行政诉讼法》的实施，赔偿请求权的适用范围已经得到了显著扩展，不再局限于传统的人身权和财产权侵犯，而是涵盖了政治权利、受教育权、劳动权等其他合法权益的侵犯。这种扩展反映了法律对于公民、法人或其他组织合法权益全面保护的重视，与现代行政法治发展的趋势相契合。

在公有公共设施致害的赔偿责任方面，尽管《中华人民共和国国家赔偿法》尚未对此作出明确规定，但国际实践已经将此类损害纳入行政赔偿的范畴。国际立法经验，如日本的立法实践，已经明确指出，因公共设施设置或管理上的瑕疵导致的损害，国家或公共团体应承担相应的赔偿责任。这一做法为我国行政赔偿法在行为范围上的扩展提供了有益的参考，即在未来的法律修订中，可以考虑将公有公共设施致害纳入行政赔偿的正式范围。这样的立法调整将有助于更全面地保障受害者的合法权益，体现了法律对于公共安全和个人权益保护的平衡，同时也符合国际行政赔偿法的发展趋势。通过这种方式，可以进一步强化行政赔偿制度的功能，确保在公共设施管理中发生的损害能够得到合理的法律救济。

（二）行政赔偿的损害范围界定

行政赔偿的损害范围是指在行政机关及其工作人员违法行使职权给相对人造成的损害中，能够获得行政赔偿的损害范围。损害按照一定标准可以划分为物质损害与精神损害、直接损害与间接损害，一般而言，物质损害与直接损害都是行政赔偿的范围。因此，有关行政赔偿损害范围的争议主要集中于精神损害与间接损害是否能够获得赔偿的问题。

1.精神损害的行政赔偿

精神损害赔偿涉及的是因行政主体及其工作人员的违法行为导致相对人精神层面的痛苦或创伤。这种损害涵盖了人格权的侵犯，如姓名权、名称权、名誉权和荣誉权等，以及因暴力、伤残或特定财物灭失等原因引起的精神创伤。与物质损害的客观性和有形性不同，精神损害具有主观性和无形性，这使得其在确定性和量化上面临挑战。尽管如此，精神损害的严重性并不逊色于物质损害，甚至在某些情况下，其对个体的影响更为深远和深刻。

在法律实践中，精神损害赔偿的争议一直存在，尤其是在确定赔偿标准和计算方法上。《中华人民共和国国家赔偿法》在1994年的制定中并未将精神损害纳入行政赔偿的范畴。然而，随着社会的发展和对个体权益保护意识的增强,民事赔偿领域已经开始承认精神损害赔偿的必要性。

国际立法趋势也显示,多数国家已将精神损害纳入行政赔偿的考量范围。为了与国际接轨并更好地保护受害人的人格尊严,我国在2012年对《中华人民共和国国家赔偿法》进行了修订,明确了精神损害赔偿的要求。新增条款规定,在特定情况下,应当为受害人消除影响、恢复名誉、赔礼道歉,并在造成严重后果时支付相应的精神损害抚慰金。这一修订标志着我国行政赔偿制度在精神损害赔偿方面的进步。

然而,新规定中的"严重后果"和"相应的精神损害抚慰金"等概念仍具有一定程度的抽象性和不确定性,这在司法实践中带来了界定和量化的难题。为了解决这些问题,需要在实践中积累经验,并通过司法解释等手段进一步明确。同时,考虑到精神损害的主观性和难以量化的特点,对精神损害赔偿的认定应当设置一定的限制,以确保赔偿制度的公正性和合理性。通过这些措施,可以更好地平衡受害者权益保护与行政赔偿制度的可操作性,促进法律的公平实施和社会正义的实现。

2.间接损害的行政赔偿

在行政赔偿法的范畴内,间接损害的赔偿问题是一个复杂而微妙的议题。直接损害通常指行政行为对相对人造成的即时和明显财产损失,如财产的减少、毁损或灭失,以及为消除损害而支出的费用,这些损失被称为积极损害或"既得利益损害"。与此相对,间接损害涉及因行政违法行为而对相对人未来可能获得的利益造成的损害,包括但不限于可得财产的法定孳息丧失、经营利润丧失、收入丧失以及挣钱能力降低等。这类损害并非对受害者现有利益的损害,而是对可预期利益的损害,其特征在于受损利益在违法行政行为发生时尚未存在,但在正常情况下极有可能产生。

《中华人民共和国国家赔偿法》对直接损害与间接损害的赔偿范围作出了区分。对于侵犯财产权的行政赔偿,原则上仅赔偿直接损害,对财产的间接损害不予赔偿。然而,对于侵犯人身权的行政赔偿,法律承认对间接损害的赔偿,包括误工费、残疾赔偿金、死亡赔偿金以及被扶养人的生活费等,尽管这些费用的计算标准并非基于受害者实际遭受的间接损害,而是基于国家上年度职工年平均工资。这种赔偿范围的限制,意味着某些间接损害,如因违法限制人身自由而遭受的营业损失,可能无法得到赔偿。

尽管《中华人民共和国国家赔偿法》对间接损害的赔偿范围有所限制,

但考虑到间接损害具有一定的客观性，并非完全基于主观臆测，因此在严格审查的基础上，将间接损害纳入赔偿范围是有必要的。这不仅有助于更全面地救济受害者的权益，也是对行政行为合法性的一种监督和制衡。因此，行政赔偿法在发展中应当考虑扩大间接损害的赔偿范围，以实现对受害者权益的更充分保护。

二、行政赔偿的程序

行政赔偿的程序是指行政赔偿请求人提出行政赔偿请求，由行政赔偿义务机关或人民法院对其进行审查并作出决定而应当遵循的步骤、方式等。行政赔偿的程序是受到行政主体及其工作人员违法行为侵害的相对人依法取得行政赔偿的程序保障。

（一）行政赔偿请求的提出程序

行政赔偿请求程序即是行政赔偿请求的提出程序，是指遭受行政主体及其工作人员违法行为侵害的受害人向行政赔偿义务机关提出行政赔偿请求的程序。行政赔偿一般应当由受害人提出，因此，行政赔偿请求的提出是整个行政赔偿程序的起点。

1.行政赔偿请求资格

在行政赔偿的法律框架内，赔偿请求资格的确定是赔偿程序启动的前提。根据《中华人民共和国国家赔偿法》的规定，赔偿请求权由直接遭受损害的受害人行使，但在受害人无法行使该权利时，其权利可由继承人或其他有扶养关系的亲属，或在法人或其他组织终止的情况下由权利承受人继受。这一规定确保了赔偿请求权的连续性和赔偿制度的实际效用，使得赔偿请求权在受害人不存在时得以转移，保障了受损方的合法权益得到有效救济。

2.行政赔偿请求提出的方式

（1）单独提起。在行政赔偿法的框架下，“单独提起”指的是赔偿请求人在对赔偿义务机关作出的行政赔偿决定持异议时，直接向人民法院提起行政赔偿诉讼的情形。此程序以行政机关及其工作人员的行政行为已被确认违法为前提，赔偿请求人仅就赔偿问题提起诉讼。因此，赔偿请求人提起行政赔偿诉讼之前，必须先经赔偿义务机关处理。若赔偿请求人对赔偿数额有异议或赔偿义务机关未在规定期限内作出赔偿，赔偿请求人即有权向法院提起诉讼。

在“单独提起”的程序中，赔偿请求人应在行政行为被确认违法之日起两年内（不包括被羁押时间）向赔偿义务机关提出赔偿请求。若涉及多个共同赔偿义务机关，赔偿请求人可选择其中任何一个提出赔偿要求。原则上，赔偿请求应以书面形式提交，申请书应包含受害人或法人的详细信息、赔偿的具体要求及依据，以及申请的具体日期。对于书写申请书有困难的赔偿请求人，允许委托他人代为书写或以口头形式提出申请，由赔偿义务机关记录。在提交申请书时，赔偿请求人还可一并提交相关的行政复议决定书、行政诉讼判决书及相关证据，以支持其赔偿请求。

该程序的设计旨在保障赔偿请求人的合法权益，确保赔偿问题能够得到及时且公正的处理。通过明确规定赔偿请求的提出方式和内容，以及对赔偿义务机关的回应期限，该制度体现了对赔偿请求人程序性权利的尊重和保护。同时，它也强调了赔偿义务机关在处理赔偿请求时的职责和义务，要求其依法行政，公正裁决。这种机制有助于提升行政赔偿制度的效率和公信力，确保受损当事人能够获得合理且及时的救济。

（2）一并提起。“一并提起”是指赔偿请求人在申请行政复议或者提起行政诉讼的同时，一并提出行政赔偿的请求。相对于申请行政复议或者提起行政诉讼而言，提起行政赔偿请求是后续性行为，因此这种提起的方式又被称为“附带式”提起方式。可见，在“一并提起”方式中，赔偿请求人同时又是复议申请人或行政诉讼原告，其同时向同一机关提出了两项不同的请求，首先请求撤销、变更行政主体的违法行政行为或确认行政行为违法，在此基础上，请求对该违法行政行为造成的损害进行赔偿。可见，这两项请求之间具有先后关系，确认行政行为的违法是进行行政赔偿的前提，而进行行政赔偿也是确认行政行为违法之后的进一步救济措施。因此，可以将这两项请求一并提起。

至于“一并提起”的程序，应当分别按照行政复议或行政诉讼程序进行。即在行政复议时一并提起赔偿请求的，按照行政复议程序进行，在行政诉讼时一并提出赔偿请求的，按行政诉讼程序进行。

3.行政赔偿义务机关的处理流程

（1）受理。行政赔偿义务机关在接到赔偿申请人提交的申请书后，须先对申请书的形式合规性进行核查，确保其外观形式与法律条文规定相一致。

一旦确认申请书满足法定形式要求,即应予以受理该赔偿申请。若赔偿请求人亲自提交申请书,赔偿义务机关需及时提供一份加盖公章并标注接收日期的书面回执。对于申请书中存在遗漏法定必备事项的情况,赔偿义务机关应向申请人发出通知,要求其补充完整。对于申请材料不完整的情形,赔偿义务机关有责任在接收申请之时或在五个工作日内,一次性完整告知申请人所有需要补充的材料内容。

(2)审查。行政赔偿义务机关受理赔偿申请人提出的申请后,应当按照法律的规定对申请书提出的赔偿要求进行审查,审查的内容包括:①申请是否超过了时效规定;②赔偿申请人是否具有法定资格;③赔偿申请人提出赔偿的事实、理由、法律依据是否充分,申请人的损害是否确实存在、损害是否由本行政机关及其工作人员的违法行为引起等;④请求赔偿事项是否符合《中华人民共和国国家赔偿法》规定应予赔偿的情形之一。

(3)赔偿方式的选定与赔偿数额的计算。在对赔偿申请进行审查后,若行政赔偿义务机关认定申请人的赔偿请求合法且应当予以赔偿,便将依据法律规定确定赔偿方式,并计算赔偿金额。赔偿金额的确定可以通过两种途径实施:一是由行政赔偿义务机关独立决定赔偿的方法和金额;二是在法律允许的框架内,通过赔偿义务机关与赔偿请求人之间的协商来确定赔偿的方法和金额。在作出赔偿决定时,赔偿义务机关需充分考虑赔偿请求人的意见,并可依法与其就赔偿的具体方式、项目及金额进行协商。在实际操作中,通常优先采取协商的方式,若协商未能达成一致,则由赔偿义务机关自行作出决定。

(4)签订赔偿协议或作出决定。行政赔偿义务机关受理赔偿申请后,经审查,可以作出赔偿决定或拒绝赔偿决定,或者确认赔偿请求人与赔偿义务机关签订赔偿协议。

第一,签订赔偿协议。经双方协商,就赔偿方式、数额、时间等达成协议的,应当制作行政赔偿协议书,行政赔偿请求人和行政赔偿义务机关都应当在协议书上签名或盖章,协议书经双方签名或盖章后即发生法律效力。

第二,作出决定。达不成协议的,行政赔偿义务机关应当自收到申请之日起2个月内,作出是否赔偿的决定。其一,赔偿决定。行政赔偿义务机关经审查,认为行政赔偿请求人的申请符合法律规定的行政赔偿条件的,应当作出赔偿决定,制作赔偿决定书,并自作出决定之日起10日内送达赔偿请求人。其二,不予赔偿决定。行政赔偿义务机关经审查,认为行政赔偿请求人的申请不符合法律规定的行政赔偿条件，应当予以拒绝，不予赔偿。赔偿义务机关决定不予赔偿的，应当自作出决定之日起10日内书面通知赔偿请求人，并说明不予赔偿的理由。

(5)赔偿金的支付。赔偿请求人凭生效的判决书、复议决定书、赔偿决定书或者调解书，向赔偿义务机关申请支付赔偿金。赔偿义务机关应当自收到支付赔偿金申请之日起7日内，依照预算管理权限向有关的财政部门提出支付申请。财政部门应当自收到支付申请之日起15日内支付赔偿金。

(6)不服时提起行政诉讼救济。赔偿义务机关应当自收到申请之日起2个月内作出是否赔偿的决定。逾期未作出是否赔偿的决定时，赔偿请求人可以自期间届满之日起3个月内，向人民法院提起诉讼。此外，赔偿请求人对赔偿的方式、项目、数额有异议的，或者赔偿义务机关作出不予赔偿决定的，赔偿请求人可以自赔偿义务机关作出赔偿或者不予赔偿决定之日起3个月内，向人民法院提起诉讼。

(二)行政赔偿后的追偿程序

1.追偿的含义

追偿是指行政赔偿义务机关在依法赔偿行政赔偿请求人的损失后，依法责令存在故意或重大过失的工作人员、受委托的组织或个人承担部分或全部赔偿费用的责任追究程序。该定义包括以下含义：①追偿是在行政赔偿义务机关依法赔偿行政赔偿请求人的损失后进行的后续程序；②追偿的对象是行政机关的工作人员、受委托的组织或个人，与追偿的主体之间存在着隶属关系，即追偿是行政机关基于行政组织管理权而对其内部人员或者委托组织或个人的一种内部性制裁措施；③被追偿的对象必须存在主观上的重大过错，包括故意或重大过失，对于无过错或存在轻微过失的工作人员、受委托的组织或个人则不应当进行追偿；④追偿的效果是责令追偿对象承担部分或全部赔偿费用，追偿程度以行政赔偿义务机关向赔偿请求人赔偿的数额为限，追偿不能超过该数额。

2.追偿的适用对象与范围

依据《中华人民共和国行政诉讼法》与《中华人民共和国国家赔偿法》的规定，追偿程序的适用对象主要包括行政机关工作人员、受委托的组织或个人以及共同赔偿义务机关等。

对于行政机关工作人员而言，当其在执行职务过程中因故意或重大过失导致损害发生时，赔偿义务机关在对外承担赔偿责任后，有权向该工作人员追偿相应的赔偿费用。这一规定体现了对行政机关工作人员行为的法律约束，旨在强化其职务行为的法律责任，确保公共权力的合法、合理行使。

在受委托的组织或个人方面，当其在行使受委托的行政权力时，因故意或重大过失造成损害，赔偿义务机关在履行赔偿责任后，同样有权向其追偿。这一规定明确了受委托方在行政委托关系中的责任与义务，保障了行政权力行使的合法性与有效性。

至于共同赔偿义务机关之间的追偿问题，当多个行政机关共同行使职权导致损害时，它们共同承担赔偿责任。在实际赔偿过程中，可能存在一个机关先行赔偿的情况，随后共同赔偿义务机关之间需协商确定最终的赔偿分担比例。这一机制有助于明确各行政机关之间的责任界限，促进赔偿责任的合理分担。

关于人民政府对行政赔偿义务机关的追偿，虽然其性质与前述追偿有所区别，但在目的和要件上具有相似之处。人民政府在财政列支赔偿费用后，可以要求有责任的行政机关支付部分或全部赔偿费用。这一规定有助于实现财政资金的合理使用和行政责任的有效追究。

第三节 行政赔偿的方式与标准

一、行政赔偿的方式

行政赔偿的方式是指行政赔偿义务机关向赔偿请求人承担赔偿义务的具体形式。国家赔偿以支付赔偿金为主要方式。能够返还财产或者恢复原状的，予以返还财产或者恢复原状。行政赔偿的方式包括支付赔偿金、返还财产与恢复原状三种类型，而且，返还财产与恢复原状的方式优先于支付赔偿金方式。

（一）支付赔偿金

支付赔偿金又称为“金钱赔偿”方式，是指行政赔偿义务机关以支付一定货币的形式向赔偿请求人承担赔偿义务的形式。即首先将赔偿请求人受到的损害按照一定的标准计算出赔偿金的额度，并以货币形式向赔偿请求人支付。应当支付的赔偿金包括:侵犯人身自由权、生命健康权的赔偿金;财产损坏的,赔偿修复所需费用;财产灭失的,按侵权行为发生时当地市场价格予以赔偿;财产已拍卖的,给付拍卖所得的价款;财产已变卖的,按合法评估机构的估价赔偿;造成其他损害的,赔偿直接损失。

支付赔偿金的方式与其他赔偿方式相比,具有简单易行、迅速有效等特点。因此,是行政赔偿中最为常用的方式,被广泛应用于对赔偿请求人身或财产损害的赔偿,特别是对于人身损害,由于不能通过返还财产或恢复原状等方式进行赔偿,一般都以支付赔偿金的方式赔偿。但由于赔偿请求人的人身、财产损害与赔偿金的金钱性质并不完全相同,因此,将损害转换为赔偿金的计算标准显得尤为重要。此外,在大部分行政赔偿中,赔偿请求人即使得到了赔偿金也未必能够恢复到被损害之前的状态,例如人身的损害、特定物品的毁损等。因此,在能够返还财产或恢复原状的情况下,应当优先适用这两种赔偿方式。可见,与返还财产、恢复原状等方式相比,支付赔偿金虽然是行政赔偿的主要方式,但并非优先方式。

(二)返还财产

返还财产是指行政赔偿义务机关将违法占有或控制的赔偿请求人的财产进行返还的赔偿方式,例如解除查封、扣押、冻结或退还罚款、罚没财物。返还财产的方式仅适用于对财产损害的赔偿,其中的“财产”包括金钱财产与物品财产,因此,返还财产也包括返还金钱与返还原物。返还金钱并不要求一定要返回原金钱,而只要求返回等额的金钱。而返回原物要求必须返回原物品,因此,原物品本身必须存在,没有毁损或丧失,但如果原物品部分毁损的,也可以在返还财产的基础上,对部分毁损的物品以支付赔偿金的方式进行赔偿。

也有观点认为返还财产必须以不影响公务的实施为前提,即某些被行政机关违法占有或控制的财产已经被用于公务,将这些财产进行返还有可能影响到公务,因此不能适用返还财产的方式。但笔者认为,返还财产中的财产是被行政机关违法占有或控制的,即使返还财产也可能影响到公务的实施,也必须返还。否则,行政机关如果想得到相对人所有的某财物时,就有可能利用首先违法占有然后支付赔偿金的方式得到。这不利于违法行为的纠正。如果返还财产中的财物确实是履行公务所必需的,行政机关应当在返回后进行公益征收。

(三)恢复原状

恢复原状是指行政赔偿义务机关对赔偿请求人的损害进行修复,达到损害之前状态的赔偿方式。恢复原状对赔偿请求人的救济较为充分,但恢复原状仅适用于能够恢复的损害,此外,“能够恢复”还应当考虑到恢复的成本等,且适用范围比较狭窄。

(四)精神赔偿

行政赔偿义务机关致人精神损害的,应当在侵权行为影响的范围内,为受害人消除影响,恢复名誉,赔礼道歉;造成严重后果的,应当支付相应的精神损害抚慰金。可见,除上述三种行政赔偿方式外,还存在消除影响、恢复名誉、赔礼道歉、支付精神损害抚慰金等等精神赔偿的方式。

赔偿方式应当根据损害的性质进行选择,在可能的范围内,也应当考虑赔偿请求人的意愿,选择能够适当保障相对人合法权益的赔偿方式。

二、行政赔偿的计算标准

行政赔偿的计算标准是指行政赔偿义务机关针对赔偿请求人的损害以支付赔偿金方式进行赔偿时,将损害计算为赔偿金的标准。行政赔偿的计算标准一般特指支付赔偿金方式的计算标准,由于返还财产以原财产、恢复原状以损害前的原状态为基准,在返还财产、恢复原状的赔偿方式中一般并不涉及行政赔偿的计算标准问题。

(一)行政赔偿计算标准的类型

1.惩罚性标准

惩罚性标准是指行政赔偿义务机关向赔偿请求人支付超过其损害价值的赔偿金的计算标准,即赔偿金的数额超过了受害人的实际损失。惩罚性赔偿金除了弥补受害人的损害外,对行政赔偿义务机关还具有惩罚性的功能,不仅可以充分保障受害人的权益,而且通过对作出违法行为的行政机关进行惩罚,确保其今后行为的合法性。但由于行政赔偿义务机关支付的赔偿金最终还是由国家财政承担,这种标准加大了国家的财政负担。

2.补偿性标准

补偿性标准是指行政赔偿义务机关向赔偿请求人支付与其损害价值大致相同的赔偿金的计算标准,即赔偿金的数额与受害人的损失大致相同,正好能够弥补受害人的损失。这种补偿赔偿标准与民法上的赔偿标准相同,赔偿的目的是使受害人恢复到受害之前的状态。

3.抚慰性标准

抚慰性标准是指行政赔偿义务机关向赔偿请求人支付低于其损害价值的赔偿金的计算标准,即赔偿金的数额低于了受害人的实际损失。赔偿金并没有完全弥补受害人的损害,对受害人来说仅具有抚慰的性质。

我国目前的行政赔偿计算标准基本属于抚慰性标准,即赔偿金的数额远远低于受害人的实际损失。从理论上来看,赔偿与补偿不同,赔偿针对的是违法行为造成的损害,应当对损害进行全额赔偿。而且,行政机关代表着公权力,其违法行使职权给相对人造成损害时,应当适用比民事赔偿标准更为严格的标准。从世界各主要国家的行政赔偿实践来看,采用惩罚性标准的居多。因此,我国也应当提高行政赔偿的计算标准,考虑到我国行政法治的发展状况以及国家的财政负担等因素,目前阶段可以适用补偿性标准,并将来逐渐发展为惩罚性标准。

(二)我国行政赔偿的计算标准

根据损害性质的不同,赔偿金的计算标准也各不相同。《国家赔偿法》分别规定了侵犯人身自由权、生命健康权、财产权的赔偿金计算标准。

1.侵犯人身自由赔偿金的计算

侵犯公民人身自由的,每日赔偿金按照国家上年度职工日平均工资计算。其中的“上年度”是指赔偿义务机关、复议机关或者人民法院赔偿委员会作出赔偿决定时的上年度;复议机关或者人民法院赔偿委员会决定维持原赔偿决定的,按作出原赔偿决定时的上年度执行。国家上年度职工日平均工资数额应当以职工年平均工资除以全年法定工作日数的方法计算,年平均工资以国家统计局公布的数字为准。

这种以“国家上年度职工日平均工资”为标准的计算方式简单易行,只要将被侵犯人身自由的天数乘以国家上年度职工日平均工资就可以计算出赔偿金的数额，而且赔偿数额对所有人一律平等。但该计算方式并没有考虑被侵犯人身自由者的实际损失，不论受害者在被侵犯人身自由的期间内实际遭受多少损失，一律平等地以国家上年度职工日平均工资为标准计算，并不能弥补受害者的实际损失。

2.侵犯生命健康权赔偿金的计算

（1）身体伤害的赔偿金计算

造成身体伤害的，应当支付医疗费，以及赔偿因误工减少的收入。减少的收入每日的赔偿金按照国家上年度职工日平均工资计算，最高额为国家上年度职工年平均工资的5倍。

（2）部分或者全部丧失劳动能力的赔偿金计算

造成部分或者全部丧失劳动能力的，应当支付医疗费、护理费、残疾生活辅助具费、康复费等因残疾而增加的必要支出和继续治疗所必需的费用，以及残疾赔偿金。残疾赔偿金根据丧失劳动能力的程度，按照国家规定的伤残等级确定，最高不超过国家上年度职工年平均工资的20倍。造成全部丧失劳动能力的，对其扶养的无劳动能力的人，还应当支付生活费。

（3）死亡的赔偿金计算

造成死亡的，应当支付死亡赔偿金、丧葬费，总额为国家上年度职工年平均工资的20倍。对死者生前扶养的无劳动能力的人，还应当支付生活费。其中的生活费的发放标准参照当地最低生活保障标准执行。被扶养的人是未成年人的，生活费给付至18周岁止；其他无劳动能力的人，生活费给付至死亡时止。

侵犯生命健康权的赔偿金计算方式的特点在于规定了“最高额”的限制，即使受害者的损害超过“最高额”，也不能得到超过部分的赔偿。这是抚慰性标准的典型表现。

3.侵犯财产权赔偿金的计算

（1）处罚款、罚金、追缴、没收财产或者违法征收、征用财产的，返还财产。

（2）查封、扣押、冻结财产的，解除对财产的查封、扣押、冻结，造成财产损坏或者灭失的，依照本条第（3）（4）项的规定赔偿。

（3）应当返还的财产损坏的，能够恢复原状的恢复原状，不能恢复原状的，按照损害程度给付相应的赔偿金。

(4)应当返还的财产灭失的，给付相应的赔偿金。

(5)财产已经拍卖或者变卖的，给付拍卖或者变卖所得的价款；变卖的价额明显低于财产价值的，应当支付相应的赔偿金。

(6)吊销许可证和执照、责令停产停业的，赔偿停产停业期间必要的经常性费用开支。

(7)返还执行的罚款或者罚金，追缴或者变收的金钱，解除冻结的存款或者记款，应当支付银行同期存款利息。

(8)对财产权造成其他损害的，按照直接损失给予赔偿。

第(8)项中的直接损失包括情形：①保全、执行过程中造成财物灭失、毁损、霉变、腐烂等损坏的；②违法使用保全、执行的财物造成损坏的；③保全的财产系国家批准的金融机构贷款的，当事人应支付的该贷款借贷状态下的贷款利息。执行上述款项的，贷款本金及当事人应支付的该贷款借贷状态下的贷款利息；④保全、执行造成停产停业的，停产停业期间的职工工资、税金、水电费等必要的经常性费用；⑤法律规定的其他直接损失。

第十四章 行政补偿

行政补偿作为行政法领域的重要组成部分，旨在对因行政行为而遭受损失的公民、法人或其他组织提供救济。行政补偿不仅体现了国家对公民权益的尊重和保护，也是法治精神的体现。行政补偿制度的核心在于平衡公共利益与个人权益，确保行政权力的行使不致无端侵害民众的合法权益。本章通过对行政补偿内涵、责任构成、范围及方式的深入探讨，可以更好地理解这一制度的运作机制，以及它在维护社会公正与秩序中的关键作用。

第一节 行政补偿的内涵与特征

一、行政补偿的内涵

行政补偿是指国家对公民、法人和其他组织因行政主体及其工作人员合法行使职权行为或为公共利益需要致其合法权益受到损害而给予补偿的法律救济制度，其范围包括因行政主体合法行为造成损失的补偿和因相对人为公益遭受损失的补偿[①]。行政补偿是现代法治体系中一项至关重要的法律制度，旨在平衡政府公共权力行使与个体权益保护之间的关系。其起源可以追溯至公用征收制度，该制度最早发端于德国，起初作为保障公共利益的手段，主要适用于政府因建设公共设施而对土地等不动产进行的强制征用。随着社会发展，行政补偿的内涵逐渐扩展，涵盖了更广泛的财产权利，形成了今天的多样化补偿体系。

从法律视角来看，行政补偿是一种国家在行使公共权力过程中对公民、法人或其他社会组织所造成的合法权益损害进行补偿的机制。其核心理念在于，当公共利益需要国家介入时，政府通过合法行政行为对个体的合法权益产生影响，若此影响超出了社会义务的范畴，就应当依法给予合理补偿。与传统的物权理论不同，现代行政补偿的适用范围已不再仅限于土地等不

①丁丽红．行政补偿制度刍议[J]．湖北行政学院学报，2005(1).

动产，而是涵盖了广义的财产权，包括但不限于动产、知识产权以及其他社会资源的使用权。

行政补偿不仅是对被征用财产所有权的保护，也是对社会公共利益与个体权益之间公平分配的一种体现。随着经济和社会的发展，个体财产权的多样性和复杂性要求行政补偿制度不断调整和完善，以确保补偿措施与公共政策的目标相适应。在这个过程中，法律的合理性、公平性和透明性成为衡量行政补偿制度有效性的重要标准。

二、行政补偿的特征

行政补偿作为国家依法对因合法行政行为导致的合法权益损失进行补偿的法律制度，其特征具有独特的性质和深远的法律意义。这些特征不仅体现了行政补偿制度的基本构架，也揭示了其在实现公共利益与保护个体权益之间的平衡作用。

（一）行政补偿的主体是国家

国家作为行政补偿的责任承担者，通常由国家行政机关或者其他行政主体来履行这一职责。这一特征揭示了行政补偿制度的公共性和权威性，强调了国家在公共利益中的主导作用。具体而言，行政补偿并非由个人或法人自行承担，也不会涉及行政追偿问题。任何公民或法人不负有通过自身行为或财产向受害方支付补偿的责任。换句话说，国家代表社会整体负有对特定个体或组织因合法行政行为受到损害的补偿义务。

行政补偿的主体是国家这一特征的法律意义在于，它确认了国家作为公共权力的行使者，应当承担由于其行政行为所引发的社会公平责任。这一责任的承担不仅是法律义务，也是对公民、法人和其他组织合法权益的保障。在现实中，这意味着当国家行政机关或其他行政主体在实施合法的行政行为过程中，给个体或组织带来经济损失时，国家应当依法进行赔偿。无论是土地征收、资源开发，还是城市规划等行为，只要是国家依法行使行政职权所导致的损失，都应由国家补偿。

（二）行政补偿以存在行政主体的合法行为为前提

只有当国家行政机关及其工作人员为了社会公共利益而采取的合法行政行为导致了公民、法人或其他组织的合法利益受到损失时，行政补偿才具备发生的法律基础。具体来说，行政补偿不是因为行政机关的随意行为或违法行为所引发的损失，而是基于合法行为的结果。行政补偿要求损害与行为之间必须存在直接的因果关系。例如，政府为了改善环境质量，依法关闭某些企业或迁移其产业，可能会导致相关企业的财产损失。这些企业并没有义务承担环境保护的责任，因此，在行政机关为了公共利益实施的合法行政行为造成这些企业的损失时，国家应当根据法律规定进行补偿。同理，若某公民为防止火灾蔓延到公共建筑而拆毁自己的财产，这种主动行为虽然是为了社会公共利益，但由于政府要求该公民为社会公共安全作出贡献，且该损失是不可避免的，政府应当履行补偿义务。

行政补偿以存在行政主体的合法行为为前提，意味着行政补偿的发生是基于国家行为的合法性。如果行政行为不合法，或没有履行法定程序，导致损失的发生，则应当通过行政赔偿来弥补这一损失，而非通过行政补偿。因此，行政补偿和行政赔偿之间存在明显的区别，前者基于合法行为，后者则涉及违法行为。

（三）行政补偿以无义务的特定人所受的特别损失为要件

只有当个体或组织受到特别损失时，才会引发国家的补偿责任。这一特征强调，行政补偿的适用并非针对所有公民的普遍性负担，而是针对特定个体或组织所遭受的特别损失。换句话说，只有在国家实施合法行政行为时，特定个体或组织由于该行为而遭受了超出一般公民义务的特殊损害，国家才有义务进行补偿。

在这一背景下，日常的公民义务，如依法纳税、服兵役等，属于社会每个成员应当承担的普遍义务，国家不应对这些义务所带来的损失进行补偿。这种损失属于公平分配的范畴，是每个公民在社会运作中所应承担的责任。而行政补偿所关注的是，当合法行政行为使某些个体或组织蒙受了超出一般社会责任的额外损失时，国家应当对这些特定的损失进行补偿。

行政补偿以无义务的特定人所受的特别损失为要件的法律意义在于，它体现了法律对于公平的追求。任何行政行为如果导致特定人群因公共利益的实现而遭受不合理的损害，国家应当通过补偿机制来修复这种不平等的损害，使得损失方获得公平的补偿。

(四)行政补偿必须以损失的实际存在为基础

行政补偿必须以损失的实际存在为基础,并且这种损失必须与行政主体的合法行为之间存在直接的因果关系。换句话说,只有在行政行为导致了实际的、可衡量的损失,并且这种损失与行政行为直接相关时,行政补偿才会被触发。如果没有实际损失,或损失与行政行为之间不存在直接联系,行政补偿就不具备法律依据。例如,如果一个政府实施的城市规划使得某些企业的生产受限,但这些企业并没有因此遭受实际的财产损失,或者损失的发生并非由行政行为引起,那么行政补偿就无法发生。损失必须是直接、可证实的,并且必须与行政行为之间存在清晰的因果关系。这一特征不仅确保了行政补偿制度的公平性和有效性,也避免了无谓的行政负担,确保补偿的合理性。

因此,行政补偿的实施,必须严格基于行政行为与损失之间的因果联系。只有在这一条件满足时,行政补偿制度才能充分发挥其应有的作用,保障受损害方的合法权益,并促使行政机关更好地履行其社会责任。

第二节 行政补偿责任的构成要件

行政补偿责任的构成要件是国家承担行政补偿责任所必需的条件和因素。行政补偿作为法律制度的重要组成部分,旨在通过公权力的合法行使,保护公民、法人和其他组织在合法行为过程中遭受的特殊损失。在实际操作中,明确行政补偿的构成要件有助于界定补偿责任的范围、厘清补偿条件、保障法律公正和公平。

一、合法、正当的行为

行政补偿的成立依赖于行政行为的合法性与正当性,这一要件明确规定了只有在行政机关依法行使职权时,或当行政行为为了增进社会公共利益而实施且导致损失时,才能引发补偿责任。合法性和正当性构成了行政补偿与其他形式法律救济(如行政赔偿)之间的重要区分。行政补偿的前提是行政行为本身的合法性,即行为主体必须依据法律规定行使职权,且其行为必须符合公共利益的要求。只有在这一框架下,行政行为所引起的损失才会成为补偿责任的依据。

与行政赔偿不同，行政补偿并不依赖于行政行为的违法性或不当性。行政赔偿通常是在行政机关的违法或不当行为所导致的损失发生时，由国家承担的赔偿责任。这种赔偿责任的成立基于行政行为的不合法性。而行政补偿则仅当行政行为是合法的，即行政机关在履行职责过程中，按照法律授权采取的措施，且其目的是实现公共利益时，才能引发补偿责任。在此情形下，尽管行政行为可能导致某些个体或群体的利益受损，但如果该行为符合公共利益的要求，并且是合法实施的，就应当视为符合补偿条件。

例如，地方政府依法进行土地征收以支持公共建设项目，虽然这一行为可能对部分居民造成财产损失，但如果其目的在于改善公共基础设施，符合社会发展需求，则这一行为本身是合法且正当的。即使存在损失，只要行政机关在实施过程中依法行使职权，且行为符合公共利益的标准，受影响的公民便可以根据相关法律规定要求行政补偿。由此，行政补偿的关键在于行政行为的合法性与正当性，而非行为本身的合规性或合法性。

行政补偿的成立依赖于行政行为的合法性与正当性，不仅为行政补偿提供了明确的法律基础，也为行政行为的实施提供了必要的法律保障，确保了行政机关在履行职责时能够充分考虑公共利益，并对因合法行政行为而产生的损失作出相应的补偿，进而促进了社会公平与公民权利的保障。

二、造成特别损害

行政补偿的第二个构成要件是“特别损害”。现代法学中，损害通常指的是某种权利或利益的侵害所导致的不利后果。在行政补偿的框架下，“特别损害”是指公民、法人或其他组织在特定情况下，因国家的合法行政行为所遭受的、不同于一般社会成员的损失。换句话说，行政补偿并非对每个公民因行政行为而造成的损失进行补偿，而是针对那些因合法行政行为所产生的特殊损失。

第一，损失必须是特定人的损失。也就是说，这种损失仅仅是针对个别特定个体或组织的，而非普遍性的损失。如果损失是所有公民都共同承担的负担（例如公共负担、税收等），则无法构成行政补偿。例如，所有公民在服兵役或依法纳税过程中所承担的义务并不会引发行政补偿责任，因为这些损失是社会公平分配的一部分，并不涉及个别特定人群的特殊损害。

第二，损失必须是特别的损失。所谓“特别的损失”，是指超过一般公民所应承受的合理负担，造成了个体无法避免的损害。例如，一名公民主动协助行政机关防火拆除住宅以防止火势蔓延,造成了财产损失,这种损失属于特别损害,因为该公民为保护公共利益主动牺牲了私人财产。

第三,损失必须是已经发生的且真实存在的损失。预测性或假设性损失不构成行政补偿的依据。行政补偿只适用于已经确定且实际发生的损失,而对未来可能发生的不确定损失不提供补偿。

三、特别损害与行政行为之间存在因果关系

行政补偿责任的成立,必须要有行政行为与损失之间的因果关系。如果行政行为是导致特定个体或组织遭受损失的直接原因,那么该损失才能被认定为行政补偿的依据。这里的因果关系要求行政行为与损失之间存在紧密的联系,只有在二者之间有直接的因果关系时,行政补偿责任才会发生。

对于因果关系的界定,理论界存在不同学说。常见的有条件说、原因说、因果关系说、必然因果关系说等。根据我国的法律实践,尤其是在涉及行政补偿时,采用"直接因果关系说"较为合适。即只有当行政行为与损失之间存在直接的因果联系时,才应当承担补偿责任。例如,政府为改善环境质量而关闭污染企业,这一行为可能导致相关企业的财产损失。如果该损失是由行政行为直接引起的,那么这种损失就满足了因果关系要件,企业就有权要求补偿。

在某些情况下,因果关系的认定可能并非那么简单。例如,当公民主动采取某些行动以维护公共利益,导致自己蒙受损失时(如主动拆除自己的房屋以防火灾蔓延),这种损失虽然是由公共利益驱动的,但是否可以通过行政补偿得到弥补,还需要进一步考量该损失与公共行政行为之间的关系。

四、引起行政补偿的行为必须出于"公共利益"目的

行政补偿的责任成立与其是否出于公共利益的目的密切相关。公共利益作为行政行为合法性的核心要素,决定了行政机关在实施某些行为时是否应承担补偿责任。行政行为的出发点必须是为了促进社会的整体福祉,而非特定个体或局部群体的私利。当行政机关以公共利益为导向,进行必要的社会管理或公共资源配置时,才应当承担相应的补偿责任。

公共利益并非单纯的个人或局部利益的集合,而是超越个体、惠及整体社会的利益。它涉及的范畴广泛,包括社会稳定、环境保护、公共安全、基础设施建设等多个层面。只有在行政行为旨在实现这些更大范围的社会目标

时，才会产生补偿的必要。例如，行政机关为了促进城市发展、改善公共服务设施或优化社会资源的配置，进行拆迁或征收等行为时，这些行为本质上服务于社会整体的长远发展和公共福祉的提升。尽管这种行为可能对某些特定个体或群体造成不利影响，甚至可能带来直接的财产损失，但从社会整体的角度来看，这些损失是为了实现更为广泛的公共利益。

当行政行为的目的不符合公共利益时，即使该行为导致了他人损失，也无法触发行政补偿的责任。换言之，行政机关的行为若偏离了公共利益的轨道，致使其目标仅为特定个体或局部群体的利益谋取私利，则不应当因此向受损方提供补偿。这一规定是为了确保行政补偿责任的合理性与正当性，防止因个别行政行为的不当而滥用公共资源进行补偿。因此，行政机关在进行具体行政活动时，应当严格审视其行为是否符合公共利益的标准，确保补偿责任的落实仅发生在符合社会整体利益的行为之上。

五、引起行政补偿行为的主体是行政主体及其公务人员

行政补偿责任的主体要件明确规定，只有行政机关及其工作人员，或者经法律法规授权的其他组织与个人，才可以成为引发行政补偿责任的主体。行政补偿责任的成立不仅依赖于行政行为的合法性，还与行为主体的身份密切相关。只有当行政主体及其工作人员在行使职权时，所实施的行为导致他人损失，才会触发行政补偿的法律责任。这一要件有效地界定了行政行为的责任主体，确保了行政补偿机制的精确运作。

行政主体的行为是行政补偿的基础，无论是行政机关直接实施的行为，还是其工作人员依法执行职务时产生的影响，都应被视为国家行为。因此，行政机关作为公共权力的代表，其工作人员在履行公务时所采取的行动及其可能带来的损害，都需要由国家承担补偿责任。这一规定进一步延伸到行政机关委托的其他组织和个人，要求其在履行行政职能时所造成的损失，也应由行政机关承担相应的补偿责任。

明确行政补偿行为的主体是行政机关及其工作人员，有助于规范政府权力的行使，保障公民的合法权益。在这一框架下，行政行为不仅仅是一个单纯的权力行使过程，更是对社会公共利益的保障与促进。通过对补偿主体的明确规定，确保了在行政行为对公民利益造成损害时，能够及时、有效地进行补偿，避免了行政权力的滥用和不当侵害，维护了公共管理的公平性和透明性。

行政补偿行为的主体要件的设定，反映了国家在行使公共权力时对社会公民利益的高度重视，同时也表明了法律对于行政主体责任的严格追溯。这种规定保障了公民在面临行政行为损害时能够获得公正的补偿，并且推动了行政机关和公务人员在履行职责时更加注重合法性与合规性，确保政府行为的合法性、合理性与社会责任。

第三节 行政补偿的范围与方式

一、行政补偿的范围

行政补偿范围，通常是指国家承担行政补偿义务的领域，解决公民、法人或其他组织能否获得行政补偿的问题。从理论上说，公民、法人或者其他组织的合法权益因公共利益而受到特别损失的，国家都应承担补偿责任。但在事实上，各国都对补偿范围通过立法或者判例进一步予以明确，作出一些必要的限制。由于行政补偿范围不仅决定了一个国家承担行政补偿义务的范围，而且对受损人来说，行政补偿范围也决定了其补偿请求权的行使范围，体现了国家对公民权利的重视程度。因此，行政补偿范围的确定是一国行政补偿制度的基础，具有重要的理论和实践意义。

（一）行政机关为抢险救灾而损害相对人利益

在突发自然灾害的应急处理中，行政机关常常需要采取迅速而果断的措施，以最大程度地减少灾害对社会整体安全和公共利益的威胁。这些措施虽然旨在保护更广泛的公共福祉，但在实际操作中，可能不可避免地对部分群体或地区的利益造成一定程度的损害。特别是在涉及大规模灾害防控时，行政机关可能会实施如水位调控、区域隔离、交通管制等一系列紧急决策，这些决策虽然在宏观层面上有利于灾后恢复和社会秩序的维持，但局部地区的居民或受影响单位往往会因此承受财产损失或生活困扰。行政机关基于公共利益的考虑，所作出的临时性措施，不仅牵涉到公共资源的合理配置，还涉及对个体权益的临时调整与牺牲。例如，在某些特殊灾害情况下，行政机关为了保护重要城市或关键基础设施，可能需要采取高风险的分洪、抢修或资源调配措施，这些措施虽然是为了防止更大范围的灾难扩散，但却可能导致部分地区的土地、房屋、设施等财产被直接破坏或损失。在这种情形下，受影响的地方和人民必然面临财产损失、生活困顿甚至长期生计困难。因此，行政机关在实施此类紧急决策时，必须更加审慎地考量决策的长远影响，并确保相应的法律框架和补偿机制能够及时启动，以维护公民的基本经济利益。

行政机关在灾后恢复和重建过程中，可能需要采取征用、征收等手段，以便快速调动资源并保障灾后重建工作的顺利进行。虽然这些征用行为是为了实现社会公共利益的最大化，但它们往往会对被征用财产的所有者造成直接的经济损失。因此，国家在此类紧急事务中，应当承担起相应的赔偿责任，确保征用行为不至于过度侵犯公民财产权。在确保公共安全与社会稳定的同时，行政机关应当依据法定程序，合理进行补偿安排，避免因行政行为对个体利益造成不合理的伤害。

因此，国家在处理突发灾害时，不仅要关注灾害应对措施的及时性和有效性，还应特别注重在执行过程中对个体权益的保障。确保在执行公共利益的同时，最大限度地减少对个体和群体利益的侵害，从而实现公共利益与个体权利的平衡。

（二）行政机关合法执行公务导致相对人权益受损

在行政机关依法执行职务的过程中，虽然其行为的出发点是合法的，并且在公共利益的框架下具有正当性，但不可避免地，某些情况下可能会对个体或集体的权益产生不利影响。在这一过程中，行政机关在履行职能时所采取的行动，虽然符合职务要求和法律规定，但仍可能引发意外的损害或侵害。这种损害不仅限于对直接行为对象的影响，还可能波及无关的第三方，尤其是在处理复杂或紧急事务时，行政机关的决策可能会涉及一定的操作风险，进而导致不可预见的后果。例如，在执法过程中，行政机关为确保社会秩序和公共安全，可能需要采取强制性措施，包括使用武力、拘留等手段。这些措施虽然是合法的、必要的，但在执行过程中，难以避免地会存在一定的风险，尤其是在行为执行的精准度和判断力上可能会受到时间、环境等多重因素的影响。因此，尽管行政机关的行为本身是合法的，且出于公共利益的需要，但如果其行为导致了无辜个体或无关组织的权益受损，国家有责任根据法定程序进行补偿和纠正。

法律的规定要求行政机关在执行职务时必须遵循合法性原则和必要性原则，确保其行为不仅符合公共利益的需要，也要尽可能减少对个体权益的侵害。在此背景下，行政机关应当对执行过程中可能出现的非预期后果进行适当的风险评估，并采取预防措施，以确保其行为在履职过程中能够尽量避免对无关第三方造成损害。

因此，国家不仅应在行政机关执行职务时保证其行为的合法性、合规性，还应在发生侵害时承担必要的补偿责任。这一责任不仅是对个体权益的保护，也是行政行为合法性的重要体现，确保公民的基本权利能够在合法、公正的框架下得到保障。

（三）公民主动协助公务或见义勇为导致损害

在特定情境下，公民因社会责任感或正义感主动协助政府机关履行职责，或积极参与见义勇为的行为，往往可能导致自身的身体或财产损失。此类情况涉及公民行为与公共利益的关系，且往往在不自愿的情形下产生损害，因此，其损失的补偿问题应得到充分关注。公民在协助行政机关履行公务时，尤其是在其行为有助于国家公共安全或秩序的维护时，损害应由国家负责赔偿。这不仅体现了国家对公民积极社会行为的认可，也反映了国家对公共利益维护过程中公民负担的合理分担。

当公民出于协助行政机关进行治安维护、犯罪预防等行动而遭受损害，国家应当视该行为为对公共利益的促进，承担起相应的补偿责任。尤其是在法律框架下，公民所实施的行为具有一定的正义性质和公共价值，国家作为最终的责任承担者，其补偿义务不仅是一种对公民个人权益的保障，也是在维护公共秩序过程中对社会成员合理风险承担的体现。

在见义勇为的场景下，除了国家应予奖励和补偿外，直接受益的特定相对人——例如，犯罪嫌疑人所侵害的受害人也应承担一定的补偿责任。这种补偿不仅反映了社会互助精神的延续，也有助于实现对公民正当行为的合理激励，确保其积极参与社会治理和公共事务的动力。基于此，公民主动参与公共事务的行为应得到充分的法律保护与支持，从而推动社会责任感的不断强化和公共利益的最大化。

（四）行政机关为了公共利益征收或征用财产

行政机关在推动公共利益项目，特别是涉及基础设施建设等领域时，往往需要对特定区域的财产进行征收或征用。这类行为通常源于行政机关为实现更广泛的社会经济发展目标或公共利益而作出的决策。然而，尽管其出发点是为更大范围的公共利益服务,实施征收或征用的过程往往不可避免地对特定公民或组织的财产造成损害。例如,土地或房屋的征收可能直接影响到其所有者的经济利益与生活环境。在这一过程中,行政机关的职责不仅是确保公共利益的实现,还应关注对受影响公民和组织的合理补偿,确保其合法权益不受侵犯。

根据相关法律规定,行政机关应当为被征收财产的所有者提供公正、合理的补偿。这一补偿应当考虑到财产的市场价值、被征收财产的使用价值,以及征收行为对所有者造成的潜在损失。补偿的目的不仅是为了弥补直接的经济损失,也应当具备足够的法律保障,确保公民在面对公共利益需求时,其基本财产权不受过度侵犯。此类补偿机制的建立,反映了公共政策与个人权利之间的平衡,体现了社会公正与法治精神。通过合理的补偿,不仅可以降低征收或征用对公民的负面影响,也有助于提升公民对公共政策执行的理解与支持,进而推动社会整体的和谐与发展。

(五)高度危险性工程和相关活动造成的损害

在一些涉及高度危险性的工程和活动中,如核电站建设、化学品运输和矿山开采等,潜在的风险往往对周围环境和居民生活构成严重威胁。这些活动在实现社会公共利益的过程中,虽然具有不可忽视的经济和社会价值,但其高风险特性也意味着一旦发生事故或操作失误,可能对公民的人身安全和财产造成重大损害。在此背景下,国家和相关部门承担起补偿责任,确保受损公民的基本权益得到有效保障,是其法定责任和社会职责的体现。

在涉及高度危险性活动的情况下,国家和监管部门有义务采取严格的安全管理措施,以减少潜在的风险和损害。然而,由于不可预见的因素,事故的发生可能无法完全避免,这时对受影响公民的补偿显得尤为重要。补偿不仅应涵盖人身伤害和财产损失,还应包括因事故造成的生活质量下降和社会资源的损失等因素。尤其是在这些工程和活动直接服务于社会公共利益时,国家应当考虑到对公民安全和财产保护的全方位责任,实施有效的补偿机制,确保不因事故发生而让公民承担过重的个人负担。

因此,国家在制定和实施相关政策时,除了注重工程和活动本身的风险管理,还应进一步完善补偿机制,提供及时、充分的保障措施。这一做法不仅有助于减轻因高度危险性活动对公民造成的负面影响,也能增强社会对这些项目的信任与支持,推动公共利益与个人权益之间的和谐共存。

(六)行政机关撤销或改变已作出的行政行为

行政机关在履行职能的过程中,根据政策调整或社会发展的需求,可能需要撤销或改变已作出的行政行为。这类变更措施虽出于公共利益的考虑,但往往会对相关主体造成一定的经济或法律上的不利影响。行政行为的撤销或改变不仅涉及行政机关内部决策的调整,还可能影响到相对人已享有的合法权利和利益。例如,行政机关在对市场环境、产业结构或社会资源进行再配置时,可能会调整原有的行政许可、审批或资质认证,这会导致相关主体面临经营或生产上的重大变化。

在行政行为撤销或改变的过程中,行政机关需要平衡公共利益与个体利益之间的关系,确保其决策的合法性与公正性。尽管行政机关有权根据政策需求调整行政行为,但这一调整应当遵循法定程序和正当程序原则,并且在必要时对受到不利影响的相对人提供适当的经济补偿或替代措施。这不仅是对个体合法经济利益的保障,也是对行政机关合法性和公信力的维护。

行政行为的撤销或改变若未采取合理补偿或保护措施,可能引发法律风险,特别是在涉及长远规划或大型项目时,未尽到合理救济的义务将对行政机关的公正性与透明度造成损害。因此,行政机关应当在制定政策和作出行政行为调整时,充分考虑各方利益,尤其是对受影响方的实际经济状况和法律地位进行必要的评估和保护。这种综合性考虑不仅是行政法律责任的体现,也有助于增强行政行为的社会接受度和政策执行的有效性。

(七)部队军事训练或军事演习导致的损害

在进行军事训练或军事演习的过程中,军队的各类行动往往会对周边环境和居民的财产或人身安全造成一定影响。特别是在进行如爆破、空袭等高风险训练时,军事活动可能超出预期的影响范围,导致邻近区域的建筑物受损或居民遭受伤害。尽管这些活动的开展是基于国防需求,旨在提升军队的战备水平和应对突发情况的能力,且通常具有明确的公共利益目的,但对民众生活造成的潜在损害不可忽视。因此,国家在推进军事事务的同时,必须考虑到保护公民基本权益的重要性,采取相应的补偿措施。

军事行动的不可预见性和潜在危害要求在实施过程中保持高水平的安全保障,并加强对周围环境的管控。然而,即便如此,无法完全排除军事活动对周围居民及其财产的负面影响。在这种情况下,国家不仅需要承担起适当的补偿责任,还应根据损害的性质与程度,确保补偿机制的公平和合理。补偿不仅是对直接受害者的一种经济救济,更是国家履行其公共责任的体现,旨在调和军事需求与公民权益之间的张力。在这一背景下,补偿责任的实施应当依据法定程序进行,确保公民在遭遇损害时能够获得公正和及时的补偿。同时,国家还应加强相关法律框架的建设,确保在军事活动中能够形成合理的预警、隔离和应急措施,最大限度地减少对民众的潜在威胁。通过这样的制度设计,国家能够在实现军事目标的同时,有效保障民众的基本生活和安全,从而促进社会的长期稳定与和谐。

二、行政补偿的方式

行政补偿是指行政机关在其行政行为导致公民或法人遭受损失的情况下,为弥补其损失而采取的各种补偿形式。行政补偿的目的在于维护公共利益与公民个人利益之间的平衡,确保受到行政行为影响的相对人的基本权益不因公共决策而遭受过度损害。我国行政补偿实践的具体方式多样,且根据不同的损失类型和补偿需求,采取了灵活多样的补偿方式。

(一)金钱补偿

金钱补偿作为行政补偿体系中的核心形式,是指行政机关通过支付现金或其他形式的金钱来赔偿因行政行为而给公民或法人造成的财产损失或其他经济损害。金钱补偿的主要特征是操作简便、形式直接,能够迅速有效地满足受害方在经济层面上的基本需求,尤其在涉及土地征收、房屋拆迁等社会管理领域,金钱补偿往往成为最为常见的补偿手段。

金钱补偿的优势之一是其便捷性。相比于其他形式的补偿,金钱补偿能够在较短时间内完成对受害方经济损失的弥补,避免了其他补偿方式可能出现的复杂程序或时间延误。通过金钱补偿,行政机关能够有效减轻行政行为对公民或法人所带来的直接经济压力,帮助受害方及时恢复其正常的经济生活。此外,金钱补偿也具有较强的灵活性,受害方可以根据自身的实际需要自由支配这笔款项,从而实现对损失的最大化补偿。

(二)返还财产

返还财产是指在特定情况下,行政机关依据相关法律规定,将征用或没收的财产归还给原所有者或合法权利人。在行政行为中,当财产的返还成为可能时,返还财产作为一种法治选择具有重要的理论和实践意义。

返还财产的实施可以有效地保障相对人的财产权利，维护其合法利益。征用或没收行为，尤其是在土地、房产等重要财产的处理过程中，通常涉及较为复杂的社会和经济影响。通过返还财产，可以减少行政行为对相对人造成的负面影响，确保其权利的及时恢复，进而促进社会的稳定与和谐。

返还财产具有较为直接和简便的特性。在行政行为中，尤其是与土地、资源等相关的征用或没收行为，返还财产通常较为简单可行，能够迅速修复行政机关与相对人之间因财产处理而产生的矛盾与冲突。相较于其他法律救济手段，返还财产不仅有助于减少行政争议，还能节省大量的司法和行政成本，避免因复杂的法律程序而拖延对相对人利益的恢复。

返还财产的实施体现了对公平与正义的追求。征用和没收行为本身往往涉及公共利益的需求，而财产返还则能够在尊重公共利益的同时，最大限度地保障个人的合法权益。尤其是在不当征用或错误没收的情况下，返还财产不仅是对法律公正的维护，也是在实践中实现法治理念的一种重要方式。通过这种手段，行政机关能够在保障社会发展和公共利益的前提下，做到权力行使的合规性与正当性。

返还财产对于提高行政机关的合法性与透明度具有积极作用。当行政机关依据法律程序返还财产时，不仅能够增强公众对行政行为的信任，也有助于促进法治政府的建设。在这一过程中，行政机关的行为更为透明、规范，减少了滥用权力的可能性，从而提高了行政效率和社会认同度。

（三）恢复原状

恢复原状是指在行政行为导致的财产损害发生后，行政机关通过修复、重建等手段将受损财产恢复到原有状态。这一补偿方式的核心在于通过物理性修复或重建，尽可能使受损方恢复到行政行为发生前的生活和生产条件，进而减少因损害行为所造成的负面影响。恢复原状的实施不仅体现了对受害人财产权利的尊重，还在实践中体现了对公平、正义的追求。

恢复原状的主要优势在于其能够较为直接地将受损财产恢复至损害前的状态，从而有效减少因行政行为引发的经济损失和社会压力。与其他补偿方式相比，恢复原状更具针对性和操作性，能够较为迅速地弥补损害，避免长期的经济损失积累与生活质量下降。通过恢复财产的原有功能和价值，行政机关能够有效降低对相对人的不利影响，帮助其尽早恢复正常的生活秩序。

恢复原状的实施有助于减少行政纠纷，并且为相对人提供一种较为直接的利益保障方式。相比于金钱赔偿或其他形式的补偿，恢复原状更能满足受损方对于财产实际利用和功能恢复的需求，尤其在涉及重要公共设施或私人财产的损毁时，恢复原状不仅能够减少争议，也能够增强公共与私人利益的平衡性，进一步促进社会的和谐与稳定。

恢复原状的实施能够提高行政行为的合法性与公信力。通过主动修复或重建损害财产，行政机关能够展示其对法治原则和民众利益的高度关注。在一些特定情境下，恢复原状不仅是对受损方的一种法定补偿方式，也是行政机关履行社会责任的一种体现。行政机关通过这一手段表明其行使权力时的透明度与合法性，从而增强了社会公众对行政行为的信任与认同。

（四）其他补偿方式

除了金钱补偿、返还财产和恢复原状等传统形式外，行政补偿还可以采取一系列更为灵活和个性化的方式，特别是在补偿金难以全面满足相对人需求时。

1.优惠措施

优惠措施能够通过提供特定的政策倾斜，缓解相对人因行政行为而面临的资源短缺或生活困难。行政机关可以通过在人力、财力、物资配置方面的优惠安排，帮助相对人渡过困境，保障其基本生活和生产需求。这类措施不仅具有短期效应，还能在一定程度上促进社会资源的合理流动与分配，增强社会公平性。

2.实物补偿

实物补偿主要在金钱补偿或恢复原状无法满足需求时发挥作用。行政机关通过提供实际物品，如住房、土地或生活必需品，来弥补由于行政行为带来的损失。这种方式具有较强的针对性，能够直接满足受害方的生活需求，尤其在面对某些特定的财产损失时，实物补偿往往更具可操作性与有效性。与金钱补偿相比，实物补偿不仅能确保补偿内容的具体性和实际性，还能在一定程度上加强行政行为对受害人生活质量的保障。

3.就业支持

就业支持也是一种重要的补偿方式，尤其在因行政行为如土地征用或城市拆迁等造成失业或收入下降的情况下，提供就业机会或职业培训能够帮助受影响者重新融入社会与经济活动中。行政机关可以通过安排工作岗位、支持自主创业或提供职业培训，帮助受害方恢复生计、提升技能，从而避免因失业或收入减少带来的长期困境。这种方式的核心在于通过提升就业能力，帮助相对人实现经济自给自足，减轻社会福利负担。

4.社会福利保障

社会福利保障，特别适用于那些面临重大生活困境或无法迅速自我恢复的群体。通过提供医疗、养老、失业等社会保障，行政机关可以在一定程度上为受影响者提供基本生活保障，帮助其渡过短期困境。社会福利保障的实施不仅体现了政府对弱势群体的关怀，也有助于维护社会的整体稳定和公平，减少因行政行为带来的社会不平等。

5.优惠政策

优惠政策可以通过改善受损害方的社会地位和生活条件，进一步减轻行政行为带来的生活压力。行政机关可以在相对人的晋升机会、薪资待遇、住房分配等方面提供优待措施，这不仅具有经济补偿功能，还能够从社会地位和心理层面改善受损害方的生活质量。通过这些综合性的补偿措施，行政机关能够在多个维度上缓解因行政行为所造成的负面影响，促进社会公平与和谐发展。

第十五章 行政纠纷

行政纠纷是行政管理过程中不可避免的现象，反映了行政权力与公民权益之间的紧张关系。纠纷的妥善处理对于维护法律秩序、保障公民权利和提升政府公信力至关重要。本章将探讨行政纠纷的独特性质和多样性，分析解决这些纠纷的有效途径，并探讨如何通过预防机制减少行政纠纷的发生，以促进行政效率和社会和谐。通过深入理解行政纠纷，我们能够为构建更加公正、透明的行政体系提供理论支持和实践指导。

第一节 行政纠纷的特点与分类

一、行政纠纷的特点

行政纠纷是指行政机关与公民、法人或者其他组织之间，在行政管理活动中发生的争议或冲突。与民事、刑事纠纷不同，行政纠纷的特点显著，主要体现在纠纷主体的特殊性、诉讼方式的 特殊性以及法律适用的复杂性等方面。行政纠纷作为行政法的重要组成部分，不仅反映了行政机关的权力运行，也关系到公民和法人在面对行政机关时的权利保障。因此，理解行政纠纷的特点，有助于更好地分析和解决行政争议，促进社会的法治建设与提高行政效率。

（一）主体的特殊性

行政纠纷的主体包括行政机关和公民、法人或其他社会组织，这一特殊的主体结构决定了行政纠纷的性质和处理方式。行政机关通常代表国家行使公共权力，而公民、法人则是享有权利和承担义务的主体。行政纠纷的主体特殊性可以从以下方面来理解：

1.行政机关的特殊性

行政机关是政府的一部分，主要负责执行法律、政策以及政府决定。其职能包括行政管理、社会公共事务的调控、资源分配等。由于行政机关行使的是国家权力，其行为具有强制性和规范性。因此，行政机关在行政纠纷中的角色不同于民事纠纷中的当事人，其行为通常被赋予较大的权力和责任。行政机关的行为，尤其是在行政执法和决策过程中，往往涉及广泛的社会利益和公共政策，这使得行政纠纷处理时需兼顾社会公共利益和个体权利的平衡。

2.公民与法人的特殊性

公民、法人和其他组织在行政纠纷中的地位相对弱势。他们的利益通常受行政机关行为的影响，例如行政处罚、行政许可或行政决定等。然而，公民和法人作为行政行为的对象，常常缺乏足够的资源和专业知识与行政机关对抗，因此在纠纷中通常处于较为不利的地位。行政纠纷的处理必须充分保护公民和法人的合法权益，保障他们的法律救济途径，防止行政机关的权力滥用。

（二）诉讼方式的特殊性

1.行政诉讼的特殊性

行政诉讼是公民、法人或其他组织对行政机关的具体行政行为不满时，依法提起的诉讼。行政诉讼与民事诉讼的一个主要区别在于，行政诉讼的目的是对行政机关的合法性进行审查，而不是对当事人之间的权利义务进行认定。行政诉讼的审理不仅涉及对行政行为的合法性审查，还可能需要考察行政机关行为是否合规、是否滥用职权。由于行政机关具有较强的职权，行政诉讼的案件中常常涉及复杂的专业知识，法院在审理时需要对行政行为进行更为细致的法律和事实分析。

2.行政复议的特殊性

行政复议是行政机关在行政纠纷解决中采取的一种非诉讼途径。不同于法院审理的行政诉讼，行政复议是在行政机关内部或由上级行政机关组织的纠纷解决程序。行政复议通常具有较高的效率，能在较短的时间内对行政行为进行重新审查。对于当事人来说，行政复议是相对低成本的纠纷解决方式。行政复议的特殊性体现在其程序的非公开性和非正式性，且其决定通常具有较强的行政效力。

3.调解与协商机制的特殊性

除了行政诉讼和行政复议，调解和协商机制也是行政纠纷解决的一种方式。尤其在涉及地方性或行政管理局部领域时，调解往往成为解决行政争议的有效手段。行政调解常常通过中立的第三方组织进行，以促使各方达成协议。与行政诉讼和行政复议相比，调解具有更多的灵活性和更高的效率，但其也可能存在一定的局限性，尤其是在涉及重大公共利益的案件中。

（三）法律适用的复杂性

行政纠纷涉及的法律适用具有较大的复杂性，主要体现在行政法体系的多层次性、行政行为的特殊性质以及法律程序的复杂性与专业性上。

1.行政法体系的多层次性

行政法体系包括国家的宪法、法律、行政法规、地方性法规、政策文件等多个层次的规范性文件。行政行为的合法性必须依据这些不同层次的法律规范进行审查。不同层次的法律文件规定了不同类型的行政行为，例如行政许可、行政处罚、行政检查等，因此，在处理行政纠纷时，法院和相关部门需要依据特定情境和法律层级来判断行政行为是否合法、是否适当。

2.行政行为的特殊性质

行政行为不同于民事行为，其特征在于具有强制性、单方性和公权性。在行政纠纷的解决中，法律适用常常要考察行政行为的是否超越了行政机关的职权范围，是否存在滥用权力的情形，是否符合行政法律原则。行政行为涉及的法规多且繁杂，这使得在适用法律时需要考虑行政机关的权力行使是否合规，是否适应特定的行政管理目标。

3.程序的复杂性与专业性

行政纠纷的法律程序复杂，往往涉及行政诉讼法、行政复议法、行政强制法等多部法律的交叉适用。在行政诉讼过程中，法院不仅需要判断行政机关是否超越了职权，还需要通过细致的程序分析行政行为是否符合正当程序原则，例如是否给予当事人合理的陈述意见机会，是否遵循了公正和公开原则。此外，由于行政行为常常涉及专业领域，法律适用时需要依赖专业技术和领域知识，增加了司法审理的难度。

二、行政纠纷的分类

(一)行政许可纠纷

行政许可是指行政机关根据法定职权和程序，对公民、法人或其他组织的申请，准许其享有某些权利或进行某些行为。行政许可包括各种形式的行政审批、批准、许可等。例如，建设工程施工许可证、营业执照、环境影响评估审批等，都是常见的行政许可行为。

行政许可纠纷通常发生在行政机关对申请人的许可申请作出行政决定时，申请人认为行政机关的行为侵犯了其合法权益。此类纠纷的产生可能源于两方面的原因：一方面，行政机关在行使许可权时未依法履行审批程序、未公开透明地审查申请，导致决定的合法性受到质疑；另一方面，行政机关未依法作出许可，或者作出的决定明显不公，导致申请人权利受限或利益未能得到保障。例如，一家公司申请某种特许经营许可证，但行政机关未按照法定程序进行审查或无故拖延，申请人因此提起行政许可纠纷，要求法院依法审查行政机关的决定是否合规，是否侵害了申请人的合法权利。

(二)行政处罚纠纷

行政处罚是指行政机关在行使职权时，依据法律规定对违反行政管理秩序的行为作出的一种制裁措施。常见的行政处罚包括罚款、吊销许可证、行政拘留、停产整顿等。行政处罚纠纷是指当事人对行政机关作出的处罚决定不满，认为处罚不当或处罚依据不充分，从而向法院或行政机关提出申诉或申请复议，要求撤销或变更处罚决定。

行政处罚纠纷的产生通常与行政机关在执法过程中滥用职权、裁量不当或程序不公有关。例如，行政机关依据某项行政法规对商户进行罚款处罚，但商户认为行政机关没有按照程序进行调查取证，或罚款数额过高，且处罚决定未充分考虑到具体情节或法律规定的减免情形，因此提起行政诉讼，要求法院依法判定该处罚决定是否合理、合法。

行政处罚纠纷具有较强的社会敏感性和政治敏感性，尤其在涉及公众利益的行政处罚案件中，公众对行政机关的行为是否合法、公正、合理的关注较高。因此，行政处罚纠纷的处理，不仅关乎行政机关的权威，还涉及社会公众对行政执法公正性的信任。

(三)行政征收与补偿纠纷

行政征收是指国家或地方政府依据公共利益的需要,通过法定程序,对公民或法人财产进行强制征收或使用的行为。常见的行政征收包括土地征收、房屋拆迁、自然资源使用权征收等。行政征收行为是行政机关为实现公共利益目标而采取的措施,但征收过程中可能涉及财产权的强制剥夺,容易引发权利人的不满。

行政征收与补偿纠纷,通常是由于征收行为与补偿方案之间的矛盾所引发的争议。例如,当政府部门在进行土地征收或房屋拆迁时,往往需要依法向被征收人支付相应的补偿。如果补偿金额过低或补偿方式不合理,被征收方可能会认为行政机关未履行公平、公正、公开的补偿义务,导致纠纷的产生。

行政征收与补偿纠纷涉及行政机关对公共利益与私人财产权之间的平衡,处理此类纠纷时,法院或行政复议机关需结合具体案例,判断行政机关的征收行为是否符合法定程序,补偿金额是否合理,补偿方案是否公平、合规。这类纠纷的解决不仅影响着相关当事人的利益,也直接影响到社会的公平感和法治建设。

(四)行政强制措施纠纷

行政强制措施是指行政机关在执行法律法规时,为了保护公共利益或防止违法行为发生,依法对公民、法人或其他组织采取的强制性措施。常见的行政强制措施包括强制拆除、查封财产、行政拘留等。行政强制措施的目的通常是为了保证法律的实施和行政命令的执行,但由于其强制性,容易引发行政纠纷。

行政强制措施纠纷一般发生在行政机关对当事人采取强制措施时,相关当事人认为行政机关的行为超出了合法职权、程序不正当或措施不合理。例如,当行政机关在执行环境保护法时,因某公司违法排放污染物,采取强制查封、停产等措施。如果企业认为行政机关的查封行为程序不当,或处罚过重、过急,可能会提起行政诉讼,要求法院审查行政行为的合法性和合理性。

行政强制措施纠纷的特点是行政机关在行使职权时具有较大的裁量空间,可能存在较大的灵活性,但同时也需要遵循严格的程序和法律规定。对于行政机关来说，在使用行政强制措施时，需要确保合法性、合规性与合理性，以避免激化与公民、法人的冲突。

第二节 行政纠纷的解决方式

行政纠纷作为行政管理过程中不可避免的现象，影响着政府职能的有效运行和社会公众的利益保护。为解决行政纠纷并维护社会秩序，国家和社会逐步建立了多元化的纠纷解决机制。行政复议、行政诉讼与行政调解是三种主要的行政纠纷解决方式，它们各自具有不同的特点和适用场景。

一、行政复议

行政复议是指公民、法人或其他组织对行政机关作出的具体行政行为不服，向上级行政机关申请重新审查和处理的法律程序。行政复议作为一种行政纠纷解决机制，不仅能够为公民提供快速有效的救济途径，还能通过内部审查机制促进行政机关依法行使职权，防止行政行为的不当或违法。行政复议的适用范围较为广泛，涉及政府的行政处罚、行政许可、行政强制措施等多种行政行为。当公民或法人认为行政机关的决定侵害了其合法权益时，可以通过复议请求对该行为进行审查。行政复议机制具有以下特点：

非诉讼性质：行政复议是一种行政行为的内部纠错机制，其目的是通过行政机关自身的上级部门对下级部门的行政行为进行复核与修正。这与行政诉讼的司法性质不同，不涉及法院审判。

便捷性与高效性：行政复议程序通常比行政诉讼程序更加简便高效。申请人可以通过简单的书面申请，提出复议请求，而复议机关则通常会在较短的时间内作出决定。由于复议主要通过行政机关内部的审查进行，因此可以较为迅速地解决行政纠纷。

行政机关内部纠错：行政复议不仅仅是对行政行为的纠正，还起到了监督行政行为和提高行政效能的作用。它能够及时发现和纠正行政机关的失误，提升政府的行政透明度和合法性。

二、行政诉讼

行政诉讼是指公民、法人或其他组织对行政机关的具体行政行为不服，向人民法院提起诉讼，请求法院依法裁定该行政行为是否合法的程序。行政诉讼是行政纠纷解决的核心机制之一，是法治国家治理结构中的重要组成部分。行政诉讼具有以下鲜明特点：

司法审查：行政诉讼的核心在于司法机关对行政行为的合法性进行审查，法院依据法律对行政行为是否符合规范进行判断。法院在审理行政案件时，不仅仅考虑行政机关的行为是否合法，还要审查该行为是否符合公平、公正的原则，是否侵害了公民、法人或其他组织的合法权益。

公开透明：行政诉讼通常是公开进行的，法院的判决具有公开性和透明性。通过公开审理，法院能够充分保障当事人的陈述权，审查并纠正行政机关在执法过程中可能存在的失误或违法行为。

独立性：行政诉讼通过法院这一独立的司法机关进行，避免了行政机关自身对其行为的审查，确保了对行政行为的客观、公正评价。法院作为第三方，具有较强的公信力，可以有效保障当事人的合法权益。

较为严格的程序：行政诉讼相比行政复议程序而言，往往具有较为复杂和严格的程序要求。诉讼需向法院提起并递交相关材料，法院审理需要一定的时间，这对于急需解决问题的当事人可能存在一定的负担。

三、行政调解

行政调解是指在行政机关的主持下，通过双方当事人协商达成一致，解决行政纠纷的一种方式。行政调解一方面直接履行行政管理职能，具有提前发现纠纷的主动性和解决相关纠纷的专业优势，另一方面也是政府转变治理理念建设服务型政府的有效途径，对于化解矛盾纠纷、维护社会稳定具有特殊的地位和功能①。与行政诉讼和行政复议不同，行政调解强调当事人的自愿协商和和解，行政机关作为中立的第三方，负责提供协调和建议，从而促成双方达成共识，解决争议。行政调解的主要特点包括以下方面：

自愿性与灵活性：行政调解基于当事人自愿的原则，双方可以根据自身需求和实际情况，达成一种互惠互利的解决方案。与行政诉讼的强制性和程序化不同，行政调解更加注重灵活性和调整性。

效率较高：由于行政调解不需要复杂的法律程序，它通常比诉讼和复议更加迅速。调解的双方当事人可以在短时间内通过沟通与协商达成一致，避免了长时间的纠纷持续。

①刘泽鹏.论我国民事纠纷行政调解制度的完善[D].天津：天津大学，2021：1.

社会和谐性:行政调解的核心目标是促使双方达成和解,最大限度地减少行政纠纷对社会秩序的负面影响。在调解过程中,行政机关往往起到疏导和引导作用,能够调和双方的情感和利益,使纠纷得到妥善解决。

缺乏强制力:虽然行政调解具有较高的效率,但其解决方案通常不具备法律强制性。一旦当事人不同意调解方案,纠纷就可能陷入僵局。因此,行政调解的效果较大程度上依赖于当事人的合作与诚意。

第三节 行政纠纷预防机制的实现路径

行政纠纷的预防不仅是法治建设中的一个重要环节,也是社会治理现代化的核心内容之一。随着社会的快速发展,行政管理面临着日益复杂和多变的挑战,如何在源头上避免行政纠纷的发生,成为了各级政府和行政机关亟待解决的课题。在这一背景下,构建有效的行政纠纷预防机制,具有至关重要的现实意义。

一、搭建行政纠纷大数据预警平台

大数据技术的应用为行政纠纷的预防提供了新的思路与手段。传统的行政纠纷预防往往依赖于经验积累和人工判断,存在一定的滞后性和局限性。然而,随着大数据技术的成熟和广泛应用,行政纠纷的预警机制可以依托数据分析与信息处理,实现实时监控与预测。通过搭建行政纠纷大数据预警平台,能够更为准确和高效地识别潜在的纠纷风险,及时采取预防措施。

行政纠纷往往不是一蹴而就的,它们的形成通常经历了一个积累过程,具有较长的时间跨度和隐蔽性。此时,若缺乏有效的监控和预警机制,很难在早期发现潜在的纠纷源。因此,搭建大数据预警平台,首先要做到信息的全面搜集。各类社会数据,包括行政处罚、行政许可、行政征收等各方面的信息,应当被纳入平台的监控范围,通过多维度的数据整合与分析,形成对行政行为潜在风险的综合评估。

大数据技术可以为政府部门提供更精准的预警模型。在大数据分析的基础上,通过建立各种预测模型和算法,行政机关可以及时掌握社会动态,发现社会矛盾的潜在热点。通过数据挖掘技术,能够从海量的公共数据中提取出有价值的信息,监测到可能引发行政纠纷的苗头,进而预警并采取有效的对策。例如，对于一些突发的社会事件或政策实施的反响，通过大数据平台实时监测，可以在最短时间内预测出这些事件可能引发的行政纠纷，从而为行政决策提供科学依据。

大数据预警平台的搭建还应加强数据的有效管理与分析能力，建立起灵敏的预警机制，实时跟踪各类社会警源的变化。通过对数据的检测、度量和评估，可以更好地把握社会公共领域的运行状况，为行政决策提供数据支持和参考。最终，这一平台将有助于提前发现和处理潜在的行政纠纷，从而为行政机关提供科学、高效的管理手段。

二、强化行政内部监督的激励与财政保障机制

行政自我监督体系的建设，是行政纠纷预防机制中的核心组成部分。健全的内部监督体系能够有效地约束和规范行政机关及其工作人员的行为，防止权力滥用和行政不作为，降低行政纠纷的发生率。行政监督不仅仅包括对行政行为的事后审查，更应涵盖日常工作的监督和激励机制的建立。

在行政内部监督机制中，激励性监督是一个重要的组成部分。长期以来，监督往往被视为一种惩罚性行为，关注的是对不当行为的纠正和处罚。然而，激励性监督强调通过积极的激励手段，激发行政人员的工作动力和责任感，从而促进其遵守法律和政策，减少行政纠纷的发生。激励性监督的关键在于通过奖惩机制，促使公务员在履行职责时，积极主动地依法行政，提升行政工作的透明度和效能。激励监督机制的实现，可以通过绩效考核制度和奖励制度等手段来具体落实。例如，对于工作表现突出的行政工作人员，应给予适当的奖励和晋升机会，以此激励其继续保持高效的工作状态；而对于不遵守行政纪律的行为，则通过明确的惩罚措施予以制约。通过这种方式，可以确保行政工作人员不仅仅依赖于惩罚的威慑力来执行任务，更能从内心深处认同和履行职责，从而减少因官员不作为或滥权行为引发的行政纠纷。

财政保障是行政自我监督机制得以顺利运行的前提。行政机关的监督职能需要足够的财政支持，才能够确保监督工作的有效开展。在当前经济压力较大的背景下，很多地方政府在公共服务领域的资金投入存在困难，行政监督的资金也可能受到挤压或滥用。因此，财政保障机制应当成为行政纠纷预防机制中的重要环节。为确保监督工作的顺利进行，可以考虑由中央财政为地方行政监督机关提供专项经费支持，保障其独立性和执行力，从

而避免因资金不足导致的监督流于形式或失效。

三、“官”德教育与“官”德考察的制度化

随着公务员法和行政监察法的实施,官德教育的法治化进程已取得一定进展。现有的法律制度虽然对公务人员的道德行为进行了规定,但并未将官德教育和考察制度化,导致其执行力度和约束力较弱。为此,必须进一步完善“官德教育”与“官德考察”的制度化建设,确保行政机关工作人员的道德素质能够得到有效保障。

官德教育需要纳入公务员的入职培训、在职培训和晋升考核等各个环节。在公务员培训中,应加强道德素质教育,尤其是职业道德、社会公德和家庭伦理等方面的内容,以帮助公务员树立正确的价值观和行为规范。此外,应在公务员考核中设立官德考察机制,综合评定公务员在工作和生活中的道德表现,并将其与晋升、奖励等挂钩,从制度上推动官德教育的深入实施。

官德考察应扩大范围,不能仅仅局限于公务员在工作中的表现,而应涵盖其个人品德、家庭生活、社会行为等多个方面。例如,应考虑公务员是否遵守社会公德,是否具备良好的家庭伦理,是否存在不当行为等。通过全方位的考察,可以更加准确地评价公务员的道德素质,并及时发现其可能存在的风险,避免因个人品德问题导致的行政纠纷。

参考文献

[1] 程文昊,姬艳涛.论行政指导在公安舆情监管中的规范化应用[J].湖南警察学院学报,2024(03).

[2] 丁友军.行政合同的分层处理[J].法制博览,2021(13).

[3] 关保英,侯佳丽.行政程序理性研究[J].求是学刊,2023(2).

[4] 郭修江.行政协议的行政性及其司法审查[J].法律适用,2024(06).

[5] 胡敏洁.我国行政给付义务类型化及其法律拘束[J].中国法学,2023(2).

[6] 胡晓东.基层公务员工作动力研究[J].政治学研究,2024(03).

[7] 黄炜乘.行政诉讼证据规则的适用性[J].西部学刊,2024(6).

[8] 江必新,戢太雷.行政相对人协力义务的正当性及制度构建[J].学习与实践,2021(08).

[9] 姜明安.完善行政程序法治是建设法治政府的必由之路[J].行政法学研究,2023(01).

[10] 李福林.论行政法律关系理论的初步演变与学理价值[J].现代商贸工业,2022(16).

[11] 刘靖华.行政法原理与实务[M].北京:中国政法大学出版社,2014.

[12] 马成龙,林致仰.繁简分流背景下行政诉讼简易程序适用研究[J].绍兴文理学院学报,2024(7).

[13] 宁立成,李奇.论行政相对人对违法执法人员的追责权[J].黑龙江省政法管理干部学院学报,2024(02).

[14] 孙波.行政立法研究[M].长春:吉林人民出版社,2019.

[15] 王学栋,谌爱华.行政法专题研究[M].北京:中国政法大学出版社,2020.

[16] 武艳.行政诉讼跨区域管辖制度研究[D].石河子:石河子大学,2023.

[17] 杨登峰.行政法与行政诉讼法[M].武汉:武汉大学出版社,2010.

[18] 张锋.行政法与行政诉讼法[M].北京:中国法制出版社,2019.